講談社文庫

人生の役に立つ聖書の名言

佐藤 優

講談社

まえがき

「聖書」は、永遠の古典だ。どの時代においても、私たちは聖書のテキストを通じて、特別の知恵を得ることができる。

私は同志社大学神学部と大学院神学研究科の出身なので、六年間、聖書をいつも参照しながら勉強した。しかし正直に言うと、当時の私は聖書の言葉が持つ力をよくわかっていなかった。聖書の言葉よりも哲学や倫理学の用語を多用する組織神学に魅力を感じていた。

大学院神学研究科を卒業すると牧師か研究職、教育職に就くのが通例だが、私は外交官になった。外交官になり、科学的無神論を国是とする当時のソ連に赴任した。ソ連で聖書は禁書ではなかったが、入手することは至難の業だった。しかし、神は存在しないという建前になっている共産主義社会の中で、聖書の言葉がロシア人の魂をとらえている現実を私は目の当たりにした。聖書の入手が容易でないにもかかわらず、ソ連時代のロシア人は聖書に出てくるイエスのたとえ話や聖句をよく覚え、生きていく糧《かて》にしていた。

ソ連崩壊後、ロシアは資本主義国に生まれ変わった。共産主義イデオロギーの押しつけと統制経済はなくなったが、当初は弱肉強食の新自由主義的経済政策による混乱、その後はプーチン大統領による権威主義的支配の下で、ロシア人はいつか真に自由な世界がやってくることを、急ぎつつ、待っている。こういう終末論的生き方を支えているのも聖書の言葉だ。

私自身も、ソ連やロシアの動乱に巻き込まれて、命の危険を感じたことが何度かある。また、日本に戻ってきてからは北方領土交渉に本格的に関与することになり、その結果、鈴木宗男事件の渦に巻き込まれ、東京地方検察庁特別捜査部に逮捕され、五百十二日間、東京拘置所の独房に閉じ込められるという経験もした。そのときの私を支えてくれたのも聖書の言葉だった。

キリスト教徒でない日本人にとっても、誰もが避けられない挫折や逆境、仕事や人間関係の悩み、人生の岐路に立つとき、聖書の言葉にふれることを勧めたい。キリスト教は、言葉をたいせつにする宗教だ。なぜなら、神がロゴス（言葉）となって、私たちに救済のための真実を教えてくれるからだ。聖書の言葉を学ぶことで、目には見えないが確実に存在する、たいせつなものを捉えることができるようになる。

この特別の力を持つ世界に読者を誘いたい。

聖書の引用はすべて日本聖書協会『口語訳聖書』による。

人生の役に立つ聖書の名言

苦難に負けない言葉

常識を逆転する言葉

悪と向きあう言葉

自分を変える言葉

見えない世界を知る言葉

苦難に負けない言葉

思い悩むな

何を食べようか、何を飲もうかと、自分の命のことで思いわずらい、何を着ようかと自分のからだのことで思いわずらうな。命は食物にまさり、からだは着物にまさるではないか。

――「マタイによる福音書」6章25節

人間は、食べること、着ることなくして生きていくことはできない。それだから、自分が努力して食べ物と衣服などを含む生活のために必要とされるものを確保しなくてはならないと、無意識のうちに考える。

しかし、このような発想には、重大な欠陥がある。それは、現在置かれている自分の状況に感謝するよりも、自分の力によって、よりよい食べ物、衣服などのものを確保するという欲望に支配される危険だ。食べ物や衣服は生きていくための手段であり、目的ではない。イエスはここで、手段と目的が逆転してしまう危険を指摘しているのだ。

人間の目的は、「永遠の命」を得て「神の国」に入ることである。このために、現在、地上で生きている一人一人の人間に何が必要であるかということを、神はよくわかっている。私たちの命と体は神によって与えられている。この現実に感謝すれば、生きていく上での悩みはなくなる。

明日を思い悩むな

あすのことを思いわずらうな。あすのことは、あす自身が思いわずらうであろう。一日の苦労は、その日一日だけで十分である。

――「マタイによる福音書」6章34節

精神科医で哲学者の木村敏氏は、人間の時間感覚とうつ病の間に連関があると考える。「ポスト・フェストゥム（祭りの後）」という発想をする人にうつの傾向があると言う。ラテン語で、祭りは「フェスト」で、後が「ポスト」だ。即ち、祭りが終わってから「ああすればよかった」「取り返しのつかないミスをしてしまった」とよくよ悩むことだ。こういう人は、「決して後悔しないように」と先回りして完璧な準備をしようとする傾向がある。その結果、いつも思い悩んでいることになる。

もちろん誰にだって反省機能はある。しかし、それがあまり過剰になり、いつも思い悩んでいるとうつ病になってしまう。昨日の悩みは昨日悩めば十分、今日の悩みは今日悩めば十分、明日の悩みは明日悩めば十分と割り切って考えることだ。神は、この世界だけでなく、時間も支配している。それで何とかなると楽観的に生きていけばいい。

求めれば与えられる

求めよ、そうすれば、与えられるであろう。捜《さが》せ、そうすれば、見いだすであろう。門をたたけ、そうすれば、あけてもらえるであろう。

――「マタイによる福音書」7章7節

キリスト教は不思議な宗教だ。その人間観は徹底した性悪説だ。なぜなら人間は一人の例外もなく原罪を負っている（もっともカトリック教会では聖母マリアだけが例外で、原罪を負っていない。それだから既にマリアは昇天し、天国にいる。これに対してプロテスタントは、マリアも他の人間と同じく原罪を負っており、最後の審判まで他の死者と同じように眠っていると考える）。原罪を負う人間の行動は、間違っている可能性が常にある。それにもかかわらず、キリスト教は楽観的人間観に立つ。

なぜ、原罪を負った人間が楽観的になることができるのだろうか。それは、神の圧倒的な恩恵の力があるからだ。この場合、求めることも、門をたたくことも本質は同じである。人間が、何かを求めて必死になって神に祈れば、神はその望みを必ずかなえてくれるのである。ここで重要なのは、中途半端な事柄ではなく、本当に大切な事柄を命がけで求めることだ。そうすれば、必ずあなたが求めたとおりの結果になる。

狭い門を選べ

狭い門からはいれ。滅びにいたる門は大きく、その道は広い。そして、そこからはいって行く者が多い。命にいたる門は狭く、その道は細い。そして、それを見いだす者が少ない。

――「マタイによる福音書」7章13－14節

キリスト教は、人間に選択を求める宗教だ。ここで人間に課されているのは、「狭い門」か「広い門」かの二つしか選択肢がないことだ。「第三の門」や「門をくぐらない」という選択はできないのである。

キリスト教には「召命《しょうめい》」という考え方がある。あるとき、ある特定の場所で、特定の人を神が呼び出すのである。この呼び出しに対して、応じるか、応じないか、いずれかの対応しか人間は取ることができない。神の呼び出しを拒否することは、そのまま滅びの道へとつながる。だから、常に神に従うことをキリスト教は説いている。

人生において、私たちも選択を余儀なくされることが何度もある。そのときの選択基準として、客観的に考えて、より難しいと思う選択をすることをイエスは勧めている。「広い門」よりも「狭い門」を選ぶ、すなわち主体的に苦難を選んだ方が、人間は幸せになるという逆説を説くのである。私も特捜検察に逮捕されたとき「狭い門」を選んだ。そうしなければ、私が職業作家になる選択肢は消えていたと思う。

22

地の塩となれ

あなたがたは、地の塩である。もし塩のききめがなくなったら、何によってその味が取りもどされようか。もはや、なんの役にも立たず、ただ外に捨てられて、人々にふみつけられるだけである。

――「マタイによる福音書」5章13節

キリスト教は実践的な宗教だ。心の中で信仰を持っているだけではキリスト教徒とは言えない。それをただちに行動に移すことが求められる。信仰即行為なのである。

もっともキリスト教徒は、世の中の他の人々とは異なる行動原理、すなわちイエス・キリストに徹底的に従うという基準で動く。その結果、社会と摩擦を起こす場合がある。キリスト教徒の中には、このような摩擦を恐れて身内だけで固まってしまう傾向がある。しかし、それは間違いだとイエスは強調する。

塩が役に立つのは、周囲の食べ物に味をつけるからで、塩が固まっていては意味がない。塩は異質な存在であるから意味があるように、自分たちも世の中の基準から少しずれ、変わっているところに意味がある。塩は、自らのために存在するのではなく、他者に働きかけることで初めて意味を持つ。このようにキリスト教徒も、信者同士で固まっているのではなく、広く外の世界に働きかけることが重要であり、「引きこもり」になるなと戒《いまし》めているのだ。

主の祈り

天にいますわれらの父よ、
御名があがめられますように。
御国がきますように。
みこころが天に行われるとおり、
地にも行われますように。
わたしたちの日ごとの食物を、
きょうもお与えください。
わたしたちに負債のある者をゆるしましたように、
わたしたちの負債をもおゆるしください。
わたしたちを試みに会わせないで、
悪しき者からお救いください。

――「マタイによる福音書」6章9－13節

キリスト教は、祈ることを大切にする宗教だ。祈りは他人に見せるために行うものではない。イエスが生きていた時代、ユダヤ教徒の中には、自分がいかに神に対して忠実であるかを見せるために、街頭で大声で祈りを捧げている者がいた。イエスは、そのような他人に見せるための祈りは欺瞞《ぎまん》であると断罪する。そして、この「主の祈り」を提示する。

ここでの主語は、「わたしたち」になっている。従って、教会で共同で祈ることを前提とした祈りだ。現在もこの祈りは、カトリック教会、プロテスタント教会、正教会の礼拝で必ず唱えられる。もっとも、教会以外の場所での祈りをキリスト教徒は行ってはいけないということではない。祈禱《きとう》会、家族、また個人での祈りをキリスト教は奨励している。

「主の祈り」の言葉は、日々の食糧も心の安寧《あんねい》もすべて神に頼るほかないという現実を自覚させる。祈りによって、人間は自らの限界を知ることが出来る。そして、イエス・キリストを通じた神による愛のリアリティーを実感するのだ。

心の貧しい人

こころの貧しい人たちは、さいわいである、
天国は彼らのものである。

――「マタイによる福音書」5章3節

「こころの貧しい人」とは、経済的困窮者ではない。自分の心の中に救済の根拠がないことを自覚している人を指す。言い換えるならば、神に全面的に頼ることによってのみ自分は救われるのだという信仰を持っている人のことだ。キリスト教は、他力本願の宗教である。自分の心に一切、救済の根拠を認めないような信仰を持っている人が肯定的に評価される。

ここでイエスが「こころの貧しい人たち」に対して「さいわいである」と言明した背景には、この世の終わりがすぐにやって来るという認識がある。それだから、この言葉には、「あなたが『神の国』に入りたいと思うならば、悔い改めて、自分自身が無力で、神に頼るしかないという信仰を持たなくてはならない」という意味がある。しかし、人間は自分が可愛いので、自分が無力な存在であるということを、なかなか認められない。イエスはそんな人間たちに、「小さなプライドを捨て、自らの無力さを自覚する謙虚さを持て」と教えているのだ。

28

悲しんでいる人

悲しんでいる人たちは、さいわいである、
彼らは慰められるであろう。

――「マタイによる福音書」5章4節

「悲しんでいる人」とは、何か不幸があって泣きそうになっている人のことではない。現在が苦難と悲劇の時であるということをリアルに受けとめて、神による助けを心の底から望んでいる人のことだ。

ここで言う「悲しんでいる人」は「へりくだる人」と言い換えることができる。自己の能力を過大評価せずに、時代の危機を正確に認識している人のことだ。正しい現状認識をしている人を神は慰めると説いている。

さらにこの「慰められる」は、未来の状況を示している。苦難と悲劇を正面から受けとめて、一生懸命に生きている人は、イエス・キリストが再臨して、最後の審判を行うときに、必ず救われるという確信がここで示されている。イエスの教えに従うならば、救済されるためにも現実の苦難と悲劇を等身大で受けとめることが重要になる。こういう認識を持っているので、キリスト教信仰を持つ人には高度なインテリジェンス分析専門家が多いのである。きびしい現実に対して、常に冷静な判断を下すことができるためだ。

柔和な人

柔和な人たちは、さいわいである、
彼らは地を受けつぐであろう。

——「マタイによる福音書」5章5節

「柔和な人」とは、心が柔軟で、素直に神の教えを受け入れることができる人という意味だ。その意味で「こころの貧しい人」と同じである。心の貧しい人たちが「天の国」に入ることに対応して、柔和な人たちが地、すなわちこの世を支配することになるとイエスは言う。この世界を神の意志に基づいて保全するのは、神の意志に従う人であるということになる。

ここでイエスが説くのは、神権による支配だ。こんなことを言うと顰蹙《ひんしゅく》を買うが、実はキリスト教は人権を信用していない。なぜなら、人間は原罪を負った存在なので、悪から免れることができない。そのような人間が主張する権利は、ろくなものでないからだ。

人権を普遍的価値と主張する欧米が行った帝国主義政策や植民地支配を客観的に見れば、神なしに生きていくことができると考える人権論者が、どれくらい危険な存在であるかがわかる。人間の限界を知り、神を恐れる者が政治に従事すべきである。

正しさを望む人

義に飢えかわいている人たちは、さいわいである、
彼らは飽き足りるようになるであろう。

――「マタイによる福音書」5章6節

義とは、正しいことと言い換えてもいい。「義に飢えかわいている人たち」とは、イエス・キリストによって正しいことがこの世界に実現することを望んでいる人々という意味だ。こういう人たちの希望は、必ず満たされると説く。しかし、現実の世界には、悪が蔓延《まんえん》している。キリスト教徒は、イエスの生き方に倣《なら》って、愛を行動として実践しなくてはならない。

もっとも、いくらキリスト教徒が努力しても、理想的な世の中を人間の力で構築することはできない。キリスト教は、徹底した他力本願の宗教なので、人間による努力に一切価値を認めない。従って、「義に飢えかわいている人たち」の願いが満たされるのは、イエス・キリストが再臨して、最後の審判が行われるときなのである。しかしそのときまで、自分は選ばれているのだから確実に救われると信じ、究極的な救済は外部から到来することを信じ、「急ぎつつ待つ」姿勢を取ることのたいせつさを聖書は教えている。

あわれみ深い人

あわれみ深い人たちは、さいわいである、
彼らはあわれみを受けるであろう。

――「マタイによる福音書」5章7節

「あわれみ深い」という言葉は、神やイエス・キリストに対して用いられることが多い。神や、そのひとり子であるイエスのように、慈《いつく》しみの心を持って他者に接する人を指しているのであろう。慈しみの心を持つ人は、他者の痛みを自分の痛みのように感じることができる。イエスは、弟子たちに、共感力の強い人間になれと訴えている。

人間の気持ちは相互的だ。私がある人を嫌っているとしよう。その人は私から嫌われていることを何となく察知する。当然、その人は私に好感を抱くことはないであろう。逆に私がある人に共感を抱くならば、その人も私に共感を抱く可能性が高い。

キリスト教の特徴は、聖書を読むことを通じて他者の気持ちになって考えることができる人間になることである。人間は一人で生きていくことはできない。あるときは他者を助け、別のときには他者に助けられる。あわれみ深い人はこのような相互扶助の関係を構築することができる。

心の清い人

心の清い人たちは、さいわいである、
彼らは神を見るであろう。

――「マタイによる福音書」5章8節

旧約聖書の「詩篇」にこんな記述がある。
〈主の山に登るべき者はだれか。
その聖所に立つべき者はだれか。
手が清く、心のいさぎよい者、
その魂がむなしい事に望みをかけない者、
偽って誓わない者こそ、その人である。
このような人は主から祝福をうけ、
その救の神から義をうける。〉（「詩篇」24篇3－5節）
イエスは、「心の清い人」について、この「詩篇」を思い浮かべながら語っている。ここで言う「心」とは、人間の内面にとどまらず、その人物の全体を意味する。
神のみを求め、金や名誉などの現世的な価値観に惑わされない人が、「心の清い人」なのである。神を見ることができるのは、神のみを追求している人なのである。

平和をつくる人

平和をつくり出す人たちは、さいわいである、
彼らは神の子と呼ばれるであろう。

――「マタイによる福音書」5章9節

平和とは、単に戦争がないという状態を指すのではない。社会的にも、人間の精神においても、満たされた安らかな状態が維持されることを意味する。

しかし、現実的に考えた場合、このような平和を人間の力によって実現することは不可能だ。なぜなら、繰り返し述べていることであるが、人間が原罪を負っているからだ。罪から悪が生まれる。その悪には、人間の精神を錯乱させること、社会に騒擾《そうじょう》をもたらすこと、戦争を行うことなどが含まれている。とにかく、この世界の平和は人間が引き起こす悪事で簡単に壊されてしまうのである。平和を実現するために、神のひとり子で、罪を持たないイエス・キリストが十字架の上で死ぬ必要があった。このイエスの犠牲としての死があったおかげで、人間は平和を享受できるようになったのである。

もっとも真の平和は、イエスが再臨し、最後の審判を行った後に実現する。このような終末論的平和観がキリスト教の基本だ。

迫害される人

義のために迫害されてきた人たちは、
さいわいである、
天国は彼らのものである。

――「マタイによる福音書」5章10節

前にも述べたように義とは、正しいことを指す。イエス・キリストが示した正しい教えに従っているが故に迫害を受ける人を念頭に置いて、イエスはこの言葉を発している。

イエスは、自らをユダヤ教徒と考えていた。それにもかかわらず、イエスが迫害されたのは、当時のユダヤ教の律法を無視して、神の愛を実践することが救済への道であると語り、実行したからだ。ユダヤ人社会は、寄留する外国人に対しては寛容であったが、ユダヤ人がユダヤ教の枠組みを超えるような発言や行為をした場合には、厳しく対処し、それが迫害に発展することもあった。

ここで重要なのがパウロの役割だ。パウロは、最初、パリサイ（ファリサイ）派のユダヤ人としてキリスト教徒を迫害していたが、ダマスコ（ダマスカス）に行く途上で光に打たれて倒れ、幻の中でキリストと出会う。このことによって、キリスト教徒になり、今度はユダヤ人から迫害される側になった。いくら迫害されても、死後の復活を信じるキリスト教徒は、信仰を保持することで「神の国」に入ることができると信じているので、そう簡単に屈服しないのである。

42

恐れるな

からだを殺しても、魂《たましい》を殺すことのできない者どもを恐れるな。むしろ、からだも魂も地獄で滅ぼす力のあるかたを恐れなさい。

――「マタイによる福音書」10章28節

ここで示されているのは、「神様は恐い存在で、あなたの魂と体を地獄に送って滅ぼすことができる」という脅しではない。キリスト教徒は、自分が選ばれた存在であり、神によって地獄に送られ、滅ぼされることはないと確信している。もっとも、それはあくまでも確信であって、このような確信的な人が必ず救われるという保証はないのである。具体的に誰を救うかというのは、全知全能なる神の専管事項だ。そこに限定的な知力、能力しか持たない人間が介入することはできない。人間が神の意志について、完全に認識するということは、ありえないのである。

キリスト教徒に対して、権力者がその肉体を物理的に抹殺《まっさつ》することはできても、神の管轄事項である魂には関与できない。それだから、相手が権力者であっても、アカデミズムやジャーナリズムの権威であっても、キリスト教徒は恐れることなく、自らの良心に従って、自由に発言し、行動することができるのである。

へびのように賢く

わたしがあなたがたをつかわすのは、羊をおおかみの中に送るようなものである。だから、へびのように賢く、はとのように素直であれ。

――「マタイによる福音書」10章16節

キリスト教は二面性を持った宗教である。キリスト教徒は、いわゆる「お人好し」ではない。この世は、狼《おおかみ》の群れのようなものだというイエスの現実社会に対するリアルな分析から、このような二重基準の方針が導き出される。

人間は原罪を持っている。罪が形を現すとそれは悪になる。人間によって創られているこの社会には、悪が満ちているのである。それだから、イエスは、弟子たちに対して「はとのように素直」であるとともに「へびのように賢く」なれと指示しているのだ。

この発想はビジネスの世界で役に立つ。信頼関係が構築されている人との間では「はとのように素直」という原理に基づいて行動する。これに対して、敵対的な人、こちらを騙《だま》そうとするような人に対しては「へびのように賢く」という原理で対応する。そうすることによって人間関係のメリハリがつく。「はとのように素直」に付き合えるような人間関係を拡大していくことが、ビジネスにおける成功の秘訣だ。

平和ではなく剣を

地上に平和をもたらすために、わたしがきたと思うな。平和ではなく、つるぎを投げ込むためにきたのである。わたしがきたのは、人をその父と、娘をその母と、嫁をそのしゅうとめと仲たがいさせるためである。そして家の者が、その人の敵となるであろう。

――「マタイによる福音書」10章34-36節

イエスは一匹の羊の命と九十九匹の羊の命を比べることはできず、命はすべてたいせつであると説いた。また、愛を実践することが、何よりもたいせつであると説いた。しかし、この教えは大多数の人々によって拒否され、イエスは殺されてしまう。従って、イエス・キリストに従う人々は、苦難の中で生きていくことを覚悟しなくてはならない。

ここで言う剣には、比喩的意味がある。それは、キリスト教徒が持つ信仰の力だ。イエスはユダヤ人であるが、この力によって、ユダヤ人が至上の価値としている律法を超克する。そうなれば、自分の両親、兄弟姉妹、親族までも敵に回してしまうことになる。なぜなら、ユダヤ人にとって、家族や親族は、生活共同体であると同時に宗教共同体でもあるからだ。信じることを行うためには、時に、過去の自分を捨てる必要がある、という教えである。

一粒の麦

一粒の麦が地に落ちて死ななければ、それはただ一粒のままである。しかし、もし死んだなら、豊かに実を結ぶようになる。自分の命を愛する者はそれを失い、この世で自分の命を憎む者は、それを保って永遠の命に至るであろう。

——「ヨハネによる福音書」12章24－25節

ここにはキリスト教の発想が端的に表れている。

一粒の麦は、そのままならば、いつまでも一粒のままである。しかし、土に落ちて「死ぬ」ならば、そこから芽が生えて、穂が実れば、そこから多くの麦粒が生まれる。自分が死を恐れずに行動することによって、自分の命に固執するよりもはるかに多くの成果をあげることができる。

この前提にあるのは、キリスト教徒にとって死は、永遠の別れではなく、いずれ最後の審判のときに、死んだ人々も復活するという信仰だ。この信仰によってキリスト教は、生命至上主義を相対化する。人間は、例外なく、いずれ死ぬ。死ぬと肉体だけでなく魂も滅びる。そして神が肉体と魂を復活させる。この現実を理解せずに、いつまでも生きようと自己愛にとらわれる人は、決して幸せをつかむことができない。

もっとも、命を粗末にすることをキリスト教が説いているわけではない。同じ一粒の麦でも、コンクリート舗装の道路の上に落ちたのでは、そこから芽が生えることはない。ただの無駄死には意味がないということが、このイエスの言葉からうかがわれる。

弱さを誇ろう

キリストの力がわたしに宿るように、むしろ、喜んで自分の弱さを誇ろう。だから、わたしはキリストのためならば、弱さと、侮辱と、危機と、迫害と、行き詰まりとに甘んじよう。なぜなら、わたしが弱い時にこそ、わたしは強いからである。

――「コリント人への第二の手紙」12章9－10節

キリスト教徒は、自らの中に二面性があることを自覚している。第一は、神の恵みによって神秘的な世界に引き上げられた自分である。第二は、罪にまみれ、弱さを背負った本来の自分である。こういうハイブリッド型の人間観がキリスト教の特徴だ。人間が生きていく中では、自分が持っている弱さが常に障害になる。しかし、キリスト教徒の場合は、イエス・キリストから、その弱さを克服することができる恵みを与えられているのである。従って、どんなに弱い人であっても、恵みの力によって、人生の障害を克服することが必ずできるのである。そこから、「弱さを誇る」というキリスト教的な逆説が生まれてくる。別の見方をすると、人間が弱さを示している場所で、神は働くのである。それだから、キリスト教徒は、どのような難しい問題に直面したり、困難な状況に陥ったりしたときでも、決して希望を失うことはない。弱い場にいる自分に神が必ず働きかけて、窮地から脱出させてくれるからである。

重荷を負う者は

すべて重荷を負うて苦労している者は、わたしのもとにきなさい。あなたがたを休ませてあげよう。わたしは柔和で心のへりくだった者であるから、わたしのくびきを負うて、わたしに学びなさい。そうすれば、あなたがたの魂に休みが与えられるであろう。わたしのくびきは負いやすく、わたしの荷は軽いからである。

――「マタイによる福音書」11章28―30節

イエスは、知恵は賢い者には隠されて、社会から軽く見られ、あるいは無視されている人たちに与えられているという逆説を説いた。これは当時のユダヤ教指導者を念頭に置いた痛烈な批判だ。ここで言う「重荷」とは、生活苦や病気のことではない。ユダヤ教指導者が民衆に課している煩雑《はんざつ》で厳格な律法解釈のことである。ちょうど、中学生や高校生に、煩雑で細かい受験勉強を強いているようなものだ。

ただし、ここでイエスは、律法をまったく無視していいとは言っていない。自分のところにきて、知恵に学べとイエスは言っているのである。一風変わったイエスの知恵に学べば、誰であっても軛《くびき》から解放されて、安らぎを得ることができる。キリスト教は、「信じる者は誰でも救われる」式の敷居の低い宗教ではなく、かなり面倒で、逆説ばかりの不思議な知恵を学ぶことを義務づけた、勤勉性が要請される宗教なのである。裏返して言えば、キリスト教と真剣に取り組めば、誰でも勤勉になる。

苦難と希望

患難は忍耐を生み出し、忍耐は錬達を生み出し、錬達は希望を生み出す。

――「ローマ人への手紙」5章3－4節

イエス・キリストの教えがユダヤ教と別の「キリスト教」であるという考え方を確立したのはパウロだ。

パウロは、生前のイエスに一度も会ったことはない。弾圧者からキリスト教徒に変わったパウロは、キリスト教をユダヤ教から訣別させ、世界伝道を展開し、ユダヤ人の枠にとらわれていたユダヤ教とは質的に異なるキリスト教を成立させる。

パウロにとって、イエス・キリストが復活したときにキリスト教徒は救われるという希望は、鍵となる概念だ。苦難と希望の関係は、キリスト教徒の心の中では、忍耐と錬達に対応する。希望を持つ人は、苦難を克服することができる。現実の苦難を耐えることが将来の救いにつながるという考え方が、キリスト教の希望の特徴だ。

56

立っていると思う者

立っていると思う者は、倒れないように気をつけるがよい。あなたがたの会った試錬で、世の常でないものはない。神は真実である。あなたがたを耐えられないような試錬に会わせることはないばかりか、試錬と同時に、それに耐えられるように、のがれる道も備えて下さるのである。

――「コリント人への第一の手紙」10章12－13節

パウロがコリント（ギリシアの都市）のキリスト教徒に宛てた手紙からの抜粋だ。

パウロの思想の特徴は、真理は具体的であると考えていることだ。それだから、ここで語られていることも、コリントの教会が抱えている具体的な問題を解決するためのものだ。どうもこの教会には、自分が強い信仰を持っている、すなわち「立っていると思う者」が何人かいて、他の人々を軽蔑していたようだ。「倒れないように気をつけるがよい」というのは、こういう増長した信者に対するパウロの皮肉だ。

会社や役所や学校でも、自己愛が過剰で、「自分は能力がある」と増長している人は、ちょっとしたきっかけで躓《つまず》いてしまう。厳しい状況の中でも、きちんと仕事や勉強をこなしていくことができる人は増長しない。自らが行うべき使命（それは、仕事で自己実現をするというようなことだけでなく、家族の生活を保障するという身近な課題でもいい）をしっかりと持っている人は、「倒れることがない」のである。

永遠の命のために

たといわたしたちの外なる人は滅びても、内なる人は日ごとに新しくされていく。なぜなら、このしばらくの軽い患難は働いて、永遠の重い栄光を、あふれるばかりにわたしたちに得させるからである。わたしたちは、見えるものにではなく、見えないものに目を注ぐ。見えるものは一時的であり、見えないものは永遠につづくのである。

――「コリント人への第二の手紙」4章16－18節

キリスト教徒であることで、さまざまな困難に直面することがある。しかし、それを恐れるには及ばないとパウロは説く。われわれはいつか死ぬ。しかし、イエス・キリストを救済主と信じる人は、終わりの日に肉体と魂が復活し、最後の審判を経て「永遠の命」を得る。この希望をキリスト教徒は人生の基準に据えなくてはならないと、パウロは主張する。

具体的には、人生で困難な状況に直面したときには、よく考えて、より困難な選択をすることが必要とされる。なぜならば、イエス・キリストが苦難を通じて自由を得たからである。キリスト教徒はイエスのように生きることを試みなくてはならない。それによって、いかに不利益を受けようとも、いずれそれを撥《は》ね返すことができる。キリスト教徒はイエス・キリストを信じることによって自分たちは確実に救われるという希望を持っている。それ故に、この世界で絶望的な状況に直面しても、落ち着いて対応することができるのだ。

試錬を喜ぶ

わたしの兄弟たちよ。あなたがたが、いろいろな試錬に会った場合、それをむしろ非常に喜ばしいことと思いなさい。あなたがたの知っているとおり、信仰がためされることによって、忍耐が生み出されるからである。だから、なんら欠点のない、完全な、でき上がった人となるように、その忍耐力を十分に働かせるがよい。

——「ヤコブの手紙」1章2－4節

ヤコブの手紙の著者が誰かは、よくわかっていない。著者がパウロでないことは確実であるが、パウロの信仰理解には共感を示している。この手紙では、キリスト教徒は、非キリスト教徒によって構成される世俗の社会の影響を極力受けるべきではないという内容が強調されている。試錬とは、誘惑と言い換えてもいいが、試錬を克服することによって人間は自由を獲得する。それだから、試錬を喜びと思えと説いている。

実は、キリスト教の強さは、このような価値観の転換にある。いつの日か、キリスト教徒は、再臨したキリストの審判によって救われるという確信を持っている。救われるという未来の現実から、現在を見ることによって、試錬や苦難に、積極的な意味を付与することができる。

非キリスト教徒の日本人でも、「自分の目的がかなった状態」から現在の自分を見るということを試みると、直面している苦難や試錬のつらさも軽減するはずだ。

目標を目ざして

わたしがすでにそれを得たとか、すでに完全な者になっているとか言うのではなく、ただ捕えようとして追い求めているのである。そうするのは、キリスト・イエスによって捕えられているからである。兄弟たちよ。わたしはすでに捕えたとは思っていない。ただこの一事を努めている。すなわち、後《うしろ》のものを忘れ、前のものに向かってからだを伸ばしつつ、目標を目ざして走り、キリスト・イエスにおいて上に召して下さる神の賞与を得ようと努めているのである。

――「ピリピ人への手紙」3章12－14節

世の中には、自分は完全な者であると勘違いしている輩《やから》がいる。パウロは、このような輩を念頭に置いて、人生の目標について語っている。

キリスト教徒の人生の目標は、「神の国」に入り、「永遠の命」を得ることだ。しかし、完全な人間にならなくては、この目標を達成できないと考えるのは、大きな間違いだ。不完全な人間であることを自覚しながら、少しでも完全な人間になる努力を続けていくことが重要なのである。このような努力が、同時に人生の目標を追求することにもなる。過去のことばかり考えてくよくよしても仕方がない、常に前を見なくてはならない。イエス・キリストに完全に従うことができるような人間になろうと努力を継続していくことが重要なのである。

右肩下がりの時代、サラリーパーソンは、いくら一生懸命に働いても昇給や昇進にはつながらない場合が多い。それであっても勤勉さを失わなければ、いつか必ず報われるというのがキリスト教の教えである。

常識を逆転する言葉

敵を愛しなさい

「隣り人を愛し、敵を憎め」と言われていたことは、あなたがたの聞いているところである。しかし、わたしはあなたがたに言う。敵を愛し、迫害する者のために祈れ。

――「マタイによる福音書」5章43－44節

この言葉はよく誤解されている。イエスは、敵と味方を一緒にして、誰でも愛せというような博愛主義を説いているのではない。「敵を愛する」前提として、味方と敵を峻別《しゅんべつ》しなくてはならない。その上で敵に対しては、有り余る憎しみがあるので、愛するくらいの感覚を持たないと判断を誤る、と説くのだ。もっとも、敵を愛しているうちに、敵とか味方といった区分が徐々に解消していく。迫害をする者のために祈っているうちに、迫害する者も変化していくという人間観がイエスにはある。

イエスの理解では、愛は何らかの目的のために行使されるものではない。愛はただその行為によって充足的に成り立っているのである。従って、最初の動機はどのようなものであっても構わないが、愛を実践しているうちに人間は変容していく。繰り返すが、聖書に記されているから愛を実践するのではない。イエスは、まことの神の子であるから、理由なく、ひたすら愛を実践するのである。

呪ってはならない

あなたがたを迫害する者を祝福しなさい。祝福して、のろってはならない。喜ぶ者と共に喜び、泣く者と共に泣きなさい。

——「ローマ人への手紙」12章14－15節

キリスト教は、この世の終わりが近いと考える。従って、キリスト教徒だけでなく、すべての人に対して「悔い改めよ、神の国は近づいた」と呼びかける。この呼びかけに反発し、キリスト教徒を迫害する人も少なからずいる。「ローマ人への手紙」の著者であるパウロ自身が、かつては迫害者だった。迫害者を呪ってはならないというのは、抽象的な概念ではなく、具体的な指令だ。同様に祝福しなさいというのも具体的な指令である。

キリスト教において、祈ることは、同時に行動することでもある。呪いは呪いの連鎖を呼んで、人間は憎しみの罠から抜け出せなくなってしまう。この呪いの連鎖を断ち切るために、祝福することが必要になる。祝福することは、神から霊の賜物を受けたキリスト教徒の名誉ある使命なのである。祝福の対象は、具体的に接触している隣人だ。その隣人があなたを迫害する者であっても、隣人と共に喜び、隣人と共に泣くような共感力をキリスト教は求めるのである。

施しをするときは

あなたは施《ほどこ》しをする場合、右の手のしていることを左の手に知らせるな。それは、あなたのする施しが隠れているためである。

――「マタイによる福音書」6章3節－4節

人間は、仕事であっても勉強であっても、評価を求める。ユダヤ教もそうだ。ユダヤ教においては、施しなどの善行が積極的に奨励された。人間は善行を自由意思によって行う。それだから、善行には律法を守る以上の積極的な宗教的意義があるとされた。そのために、ラビ（宗教指導者）たちも、隠れた善行を勧めた。もっともラビたちはそのような善行が、算定、評価可能と考えた。しかし、こういう動機があると、善行は見返りを求める偽善になる。

善行を行うときに「右の手のしていることを左の手に知らせるな」というイエスの姿勢は、善行によって他者の賞賛を受けようとする態度を戒めるだけでなく、神から報いを受けるという発想も根源的に断ち切っている。イエスが説いたのは、人間が悔い改めて、イエス・キリストを通じて神を信じることだ。信仰によってのみ、人間は救われるのである。善行を含むあらゆる人間の行為は救済に関係しないのである。

姦淫してはならない

「姦淫するな」と言われていたことは、あなたがたの聞いているところである。しかし、わたしはあなたがたに言う。だれでも、情欲をいだいて女を見る者は、心の中ですでに姦淫をしたのである。

――「マタイによる福音書」5章27－28節

標準的な人間は、誰でも性欲を持っている。姦淫とは、律法に反するセックスのことだ。

イエスが生きていた時代、姦淫に関するユダヤ教の律法の運用は、きわめて男性中心的に行われていた。姦淫を犯した男も女も死刑になると定められていたが、男の姦淫は、相手が人妻であるときにだけ成立した。人妻は夫の所有物であり、姦淫は夫の権利を侵害して婚姻を破壊する、という認識が前提とされたためだ。それだから、既婚の男が独身女性、結婚が認められていない未成年者、非ユダヤ教徒の女性とセックスをしても姦淫には該当しなかった。

イエスは、このような男性中心的な姦淫理解を脱構築しようとする。姦淫は、まず心の中で起きることなのだから、姦淫を第三者が断罪することはできない。他者の目を基準にして、自分が正しいかどうかを判断するのではなく、自分の心を基準に、自分自身と同じように他者の結婚生活を尊重しなくてはならないということを説いている。

医者を必要とするのは

丈夫な人には医者はいらない。いるのは病人である。
わたしがきたのは、義人を招くためではなく、罪人を招くためである。

――「マタイによる福音書」9章12節－13節

イエスは、徴税人のマタイに弟子にならないかと声をかけた。当時のパレスチナのようなローマ帝国支配下の属領において、徴税人は一定地域の徴税権を前払いの入札によって購入する請負人だった。実際に徴収する額は、請負人の裁量に委《ゆだ》ねられていたから、いわばピンハネをする徴税人は住民から嫌われていた。徴税人のマタイを弟子にしたことについて、パリサイ派の律法学者がイエスを非難する。これに対して、イエスは「丈夫な人には医者はいらない。いるのは病人である」と反論したのである。

人間は、すべて原罪を負っている。罪人という点で、人間は神の前ですべて平等なのである。自分が他の人よりも優れているというパリサイ派の思い上がりをイエスは厳しく批判する。人間は、誰一人例外なく罪を負っているので、正しい人は一人もいない。この現実を見つめた上で、神の恩恵によってのみ人間が救われることをイエスは説いている。

罪のない者は誰か

あなたがたの中で罪のない者が、まずこの女に石を投げつけるがよい。

――「ヨハネによる福音書」8章7節

これは、姦通の現場でとらえられた女性をパリサイ派や律法学者がイエスの前に連れて来て、「この女を律法に従って石打で死刑にすべきか」と問いかけたときのイエスの応答だ。

このときのイエスの対応が実に見事だ。地面に座って、指で土の上に文字を書く。ここには、女性を連れて来た人の悪事が書かれている。それを見て、「まずい」と思ったパリサイ派や律法学者は、一人ずつ去っていく。そして誰もいなくなった。もはや誰もこの女性を告発していない状態をイエスは作り出した。その上で、「わたしもあなたを罰しない。お帰りなさい。今後はもう罪を犯さないように」とイエスは言って、女性を自由にした。

人生において、過ちを一度も犯さないような人はいない。われわれに重要なのは過ちを摘発し、弾劾《だんがい》することではなく、過ちを悔い改めさせ、再発を防止することであると、イエスは行為によってわたしたちに伝えているのである。

宝は天に蓄えよ

あなたがたは自分のために、虫が食い、さびがつき、また、盗人らが押し入って盗み出すような地上に、宝をたくわえてはならない。むしろ自分のため、虫も食わず、さびもつかず、また、盗人らが押し入って盗み出すこともない天に、宝をたくわえなさい。

――「マタイによる福音書」6章19－20節

ユダヤ教でも、天に宝を蓄えるような生き方をせよと説かれている。ただし、イエスがここで説いている宝とは比喩的な表現で、財産のみを指すものではない。信仰上の事柄で、他人から賞賛を得ようとして見せる行いを宝と呼んでいる。

人に見せるための行為は、それがどのような善行であっても、地上の宝に過ぎない。宝が他者からの評価によって成立するのと同じように、他者からの評価を基準にして生きることはむなしいとイエスは考える。人間の評価は不安定で、また後に、より優れた業績をあげる人が現れると、以前の人たちは忘れ去られてしまう。

むしろ他人にどう評価されるかなどということについては考えずに、神による絶対的な評価を気にかけて生きることをイエスは説いているのだ。天に宝を蓄えるというのは、神中心的に生きるということである。この世の中で正義を行うことも、世間から賞賛を受けるためではなく、天に宝を蓄えるためなのである。

ふたりの主人

だれも、ふたりの主人に兼ね仕えることはできない。一方を憎んで他方を愛し、あるいは、一方に親しんで他方をうとんじるからである。あなたがたは、神と富とに兼ね仕えることはできない。

——「マタイによる福音書」6章24節

キリスト教は、一般に富とされるものに対する警戒感が強い。富は、権力に代替可能で、人間は権力を持つと神に反抗しようとする傾向があるからだ。富は、カネ、商品など目に見えるものと、名誉、権威など目に見えないものがある。どのような小さな人間でも、富は持っている。従って、富とどのように付き合うかは、人間にとって死活的に重要なのである。

前項でもふれたように、大多数の人々は、富を地上に蓄える。財産を殖《ふ》やし、名声を地上で得ようとする。イエスは、このような態度を取る背景に、人間が自力で救済されると考える「自己義認」の罠が潜んでいると考える。原罪を負った人間が、自力で救済されることは、絶対にない。富を地上に蓄えるという発想には、人間が救済からこぼれてしまう大きなリスクがある。この危険から逃れるために、キリスト教徒は意図的に富を天に蓄えることが要請される。平たい言葉を用いるならば、陰徳を積むということだ。神がこのような陰徳を見過ごすことは、絶対にない。

金持ちへの警告

富んでいる者が天国にはいるのは、むずかしいものである。また、あなたがたに言うが、富んでいる者が神の国にはいるよりは、らくだが針の穴を通る方が、もっとやさしい。

――「マタイによる福音書」19章23－24節

ある金持ちの青年は、ユダヤ教の律法に忠実に従っている。律法に従えば確実に救われるという発想は、人間の行為と救済が、交換可能であるという前提がなければ成り立たない。

イエスは、この前提を破壊しようとして、この青年に自分の財産をすべて売り払って、貧しい人々に分配せよと命じる。しかし、彼はそれができなかった。財産によって幸福が得られるという、交換を前提とする発想から、この青年が抜け出すことができなかったからだ。神は人間との交換をしない。仮にキリスト教徒が神のために命を差し出したとしても、そのこととの交換で、神が救済を与えることはない。

人の行為によって、神からの報酬が増減するという発想が根本的に間違っている。神は正しい者にも正しくない者にも等しく雨を降らせるのである。誰が救われるかということは、人間の限られた能力では理解不能だ。それだから、神からの恩恵で救われることを無条件に信じることが求められる。

返礼を求めるな

宴会を催す場合には、貧しい人、体の不自由な人、足の悪い人、目の見えない人などを招くがよい。そうすれば、彼らは返礼ができないから、あなたはさいわいになるであろう。正しい人々の復活の際には、あなたは報いられるであろう。

――「ルカによる福音書」14章13－14節

どの社会においても、宴会に招かれたら、返礼するというのが常識だ。客観的に見て、返礼が不可能な貧しい人を招くことは、宴会主催者の示す愛が、互恵の精神を超えたものであることを示す。

イエスの時代にあったクムラン教団は、身体障害者を「神の集会」から排除すると規定していた。それと対極的な姿勢をイエスは示したのである。イエスは、われわれ人間のために命を捨てたが、その返礼を何も求めていない。キリスト教徒は、イエスにならって生きるのだ。

それから、イエスは、キリスト教徒が宴会に身内の人とか近所の金持ちだけを招くことを嫌っている。こういう宴会を行うと、愛の実践が地縁と血縁に限定されるようになり、イエスの説いた教えがユダヤ人共同体の限界を超えることができなくなってしまう危険があるからだ。

人は例外なく罪を負っている。それだから、イエスが説く愛は相互主義を超えた神の愛で、それは本質において罪人への愛なのである。このようなイエスの教えに従う人が、終わりの日に救われるのである。

新しいぶどう酒は

だれも、新しいぶどう酒を古い皮袋に入れはしない。もしそんなことをしたら、その皮袋は張り裂け、酒は流れ出るし、皮袋もむだになる。だから、新しいぶどう酒は新しい皮袋に入れるべきである。そうすれば両方とも長もちがするであろう。

――「マタイによる福音書」9章17節

ユダヤ教において、断食は罪を悔い改める心の表れとして重視されていた。特にパリサイ派は、年五日の定められた断食日のほか、毎週月曜日と木曜日にも断食をしていた。そして、断食をしない人々をパリサイ派は軽蔑していた。これに対して、イエスは断食をしなかった。それだから、イエスは彼らに、「大飯食らいで、大酒飲み」と非難された。またイエスは、「主の祈り」でも毎日の糧を神に願っている。

このようなイエスの姿勢への非難に対して、イエスはぶどう酒のたとえで答える。ユダヤ教は古いぶどう酒なので、古い革袋に入れておけばいい。これに対してイエスが説く教えは、新しいぶどう酒のようなものなので、古い革袋に入れたら破れてしまうのである。断食をしない、罪あるとされた人々と食事を共にする、病気の女性、重い皮膚病にかかった人々とも平気で交流する。このように革新的なイエスの教えを受け止めるために、新たな共同体（革袋）が必要とされるのだ。

サマリヤの女

この水を飲む者はだれでも、またかわくであろう。しかし、わたしが与える水を飲む者は、いつまでも、かわくことがないばかりか、わたしが与える水は、その人のうちで泉となり、永遠の命に至る水が、わきあがるであろう。

——「ヨハネによる福音書」4章13－14節

サマリヤとは、当時、他のユダヤ教徒から差別されている人々が住んでいる地域だった。ユダヤ教徒は、サマリヤの人々と付き合うことを避けようとする傾向があった。これに対して、イエスはサマリヤの人々とも分け隔てなく付き合った。

水汲み場のそばで、イエスはサマリヤの女に「水を飲ませて下さい」と頼んだ。サマリヤの女は、驚いて、「あなたはユダヤ人でありながら、どうしてサマリヤの女のわたしに、飲ませてくれとおっしゃるのですか」と問いかけた。その後少しやりとりした後で、イエスはここで掲げた言葉を述べたのである。

「永遠の命」は、選民という自己意識を持っているユダヤ人のみに与えられるものではない。イエスの説く福音を信じ、隣人を自分と同じように愛する者は誰でも救われるのである。ユダヤ教の救済が一民族に限定されているのに対して、キリスト教の救済は民族の壁を超えた普遍的性格を帯びている。そのことが端的に表れている箇所だ。

90

預言者を敬わない人

預言者は、自分の郷里や自分の家以外では、どこででも敬われないことはない。

――「マタイによる福音書」13章57節

イエスの家族は、イエスが言っていることを理解できなかった。それと同じように、イエスは、自分が育ったナザレ村の人々からも理解されなかった。なぜなら彼らは、イエスが大工の子であるという出自と、生い立ちについてよく知っているからだ。イエスについての古い知識が、現在のイエスが伝える神の言葉の理解をさまたげているのである。

先入観を持つ人は、物事の本質を理解し損ねることがある。これは私たちの周囲でも、日常的に起きていることだ。学生時代にたいしたことがなかった人が、社会人になってから十年も経つと大きな業績をあげることがある。あるいは、入学時の偏差値があまり高くない大学の出身者が、政治家として大きな権力を握ることもある。そういうときには、その人の過去を一度、括弧《かっこ》の中に入れる必要がある。そして、現時点でのその人の業績や能力を客観的に評価することが重要なのである。

命を得るために

自分の命を救おうと思う者はそれを失い、わたしのために自分の命を失う者は、それを見いだすであろう。たとい人が全世界をもうけても、自分の命を損したら、なんの得になろうか。また、人はどんな代価を払って、その命を買いもどすことができようか。

――「マタイによる福音書」16章25－26節

イエス・キリストは世の中の常識に反した発言をする。そして、行動も常識外れだ。人間は自分の命に固執するのが普通だが、この発言をする前にイエスは弟子たちに「自分は近く受難し死ぬ」ということを伝える。弟子たちは、神の子であり救済主であるイエスが受難するはずはないと当惑する。それに対してイエスは、自分に罪がないにもかかわらず、罪があるすべての人間を救うために死ぬのだという認識を示す。

人間は、自己犠牲的な行動を取る人の感化を受けやすい。自分自身と同じように、他者との関係で自己犠牲的な行動を取る人が、「永遠の命」を得るとイエスは考えていた。ただし、弟子たちはこの時点ではイエスの言説の意味を理解することができなかった。それだから、イエスが官憲に拘束されたときに弟子たちは全員、逃げ出してしまったのである。しかし、死後に復活したイエスと再会した弟子たちは、殉教も恐れない強い人間になる。人間は、言説によってではなく、体験によって感化されるのだ。

どこまで罪を赦すか

ペテロがイエスのもとにきて言った、「主よ、兄弟がわたしに対して罪を犯した場合、幾たびゆるさねばなりませんか。七たびまでですか」。イエスは彼に言われた、「わたしは七たびまでとは言わない。七たびを七十倍するまでにしなさい」。

——「マタイによる福音書」18章21 - 22節

新約聖書の時代、７は完全数と考えられていた。従って、７は、数にとどまらず、最も善いことも意味する。それでは、最も悪いことを意味する数はいくつだろうか。完全数である７に一つ欠けた６だ。ホラー映画「オーメン」の主人公ダミアンの頭に６６６と記されているのは、最悪のものが三つ並んでいるという意味で、まさにダミアンが悪魔であることを示している。

さて、ユダヤ教では、神は人間の罪を、同じものならば三回まで赦《ゆる》してくれると考えられていた。この神の寛容の原理を、三回ではなく、無限大に拡大し、それを人間相互の関係においても適用せよとイエスは主張するのだ。

どのようなことをしても赦されるようになるならば、そもそも赦しという概念が消えてしまう。律法を犯したことを認め、赦してもらうという構造を脱構築し、人間は、ひたすら悔い改めることをすれば、必ず救われるという、信仰により律法を克服する姿勢をイエスは鮮明にした。

天国でいちばん偉い者

よく聞きなさい。心をいれかえて幼な子のようにならなければ、天国にはいることはできないであろう。この幼な子のように自分を低くする者が、天国でいちばん偉いのである。

――「マタイによる福音書」18章3―4節

人間には、評価されたいという欲望がある。官僚や一流企業の会社員で、金銭に対する執着は強くないが、出世に強い価値を置いている人は少なからずいる。外務省の課長に、「給与を一割下げることを条件に局長にならないか」と誘いかければ、一人の例外もなく局長になることを望むと思う。周囲から見ていれば滑稽《こっけい》だが、人の上に立とうとする人間の欲望はとても強いのである。

　イエスの弟子たちは、当時の社会から排斥されることについては覚悟していたが、自らが所属する、イエスを救い主と信じる人々の共同体の中では、誰が一番弟子であるかという競争を露骨に行った。それを見てイエスは、弟子たちが自分の教えをまったく理解していないと痛感して、「この幼な子のように自分を低くする者が、天国でいちばん偉い」と指摘したのである。もっとも弟子たちがこのことをどこまで理解できたかは疑問だ。それだから、ペトロの後継者で天国の鍵を握っていると勘違いしたローマ教皇（法王）を長とするカトリック教会のような奇妙な組織が生まれたのである。

偉くなりたい者は

あなたがたの間で偉くなりたいと思う者は、仕える人となり、あなたがたの間でかしらになりたいと思う者は、僕《しもべ》とならねばならない。それは、人の子がきたのも、仕えられるためではなく、仕えるためであり、また多くの人のあがないとして、自分の命を与えるためであるのと、ちょうど同じである。

――「マタイによる福音書」20章26－28節

偉い者が支配するというのは、世俗の秩序感覚だ。これに対して、イエスは、キリスト教徒の価値観は、世俗の価値観とまったく異なることを強調する。図式化して示そう。まず、世俗の秩序感覚はこうなっている。

支配者―民衆を支配する
偉い人たち―権力を振るう

人間は性悪な存在であるから、キリスト教徒の共同体でも、無自覚のままでいると世俗的な「偉い」「偉くない」という発想が浸透してくる。そうなると、キリスト教徒相互の関係が官僚的になり、教会が愛の共同体ではなくなってしまう。従って、イエスは以下の逆説を説く。

かしらになりたい人―僕となれ
偉くなりたい人―仕える人になれ

こうすることによって、人間は、世俗的な秩序とは別の原理で構成された秩序に従い、来るべき「神の国」のイメージを想い浮かべることができる。

知恵を誇るな

神は、知者をはずかしめるために、この世の愚かな者を選び、強い者をはずかしめるために、この世の弱い者を選び、有力な者を無力な者にするために、この世で身分の低い者や軽んじられている者、すなわち、無きに等しい者を、あえて選ばれたのである。それは、どんな人間でも、神のみまえに誇ることがないためである。

——「コリント人への第一の手紙」1章27－29節

「コリント人への第一の手紙」は、トラブルが続出しているコリント教会の問題を解決するためにパウロが送った手紙だ。この教会には、豊かな人もいれば貧しい人もいる。知識人もいれば、そうでない人もいる。特に大きなトラブルを引き起こしたのが、自分は豊かでしかも知恵があるというプライドが過剰な人たちだ。こういう人たちに、パウロは、神の基準は、人間の基準とまったく異なると強調する。

もっとも、パウロは富裕層の出身で、ギリシア語のみならずラテン語にも通暁した知識人だ。パウロはそのような自分の権威を最大限に活用して、「俺ですら神の前で自分を誇ることはできないんだ。あんたたちにできるわけがないだろう」と畳み掛けているわけだ。一見、謙虚に見えながら、強圧的なパウロの姿勢が端的に表れている箇所だ。

劣った部分を尊ぶ

神は劣っている部分をいっそう見よくして、からだに調和をお与えになったのである。それは、からだの中に分裂がなく、それぞれの肢体が互にいたわり合うためなのである。もし一つの肢体が悩めば、ほかの肢体もみな共に悩み、一つの肢体が尊ばれると、ほかの肢体もみな共に喜ぶ。

――「コリント人への第一の手紙」12章24－26節

キリスト教は、人間の能力や適性が平等であるとは考えていない。知力に秀でた者がいれば、そうでない者もいる。運動能力に秀でた者もいれば、少し鈍い者もいる。健康に恵まれている者もいれば、病気がちの者もいる。さまざまな人たちが互いに補い合って、人間社会が成り立っているのである。

理屈ではそのことがわかっていても、弱い立場にいる人がいつもそれを受け入れるのは理不尽だ。それだからパウロは、弱い部分がある人は、「どうしてこういう自分にしたのだ」と神を恨むのではなく、弱い部分を生かすように努力すればよいと呼びかける。そうなると、意外とそこから新しい能力が開花することもある。

神が、それぞれの人に劣っている部分を作ったことを、むしろ前向きに捉えた方が人生は楽しくなるとパウロは説いている。世の中の常識を逆転させて、同じ事柄に別の意味を持たせる能力を、イエスとパウロは持っている。

汚れたものとは

それ自体、汚《けが》れているものは一つもない。ただ、それが汚れていると考える人にだけ、汚れているのである。

――「ローマ人への手紙」14章14節

パウロの時代、キリスト教徒は、ユダヤ教の伝統を重視して、食物について「清いもの」と「汚れたもの」を厳格に区別する人々と、そういう区別をしない人々に分かれた。当時の常識では、ユダヤ教の律法を遵守《じゅんしゅ》し、「汚れたもの」を遠ざけるキリスト教徒のほうが信仰が強い人々と見なされていた。

パウロはこのような価値観を脱構築する。このときパウロは、「清いもの」と「汚れたもの」の区別を無くしてしまうのではなく、「汚れたもの」に対する概念を変化させることで問題の解決を図った。すなわち、もの自体が汚れているのではなく、それと人間がどのような関係を持つかによって、汚れているかそうでないかが決まるとした。

この論理は、「清いもの」に対しても適用される。一般に「清い」とされているものに、人間が汚れたアプローチをするならば、それは「汚れたもの」になるのだ。パウロの解釈によって、「清いもの」「汚れたもの」の概念が動的で、相対的なものになった。その結果、キリスト教徒は何でも食べることができるようになったのである。

愚かな者になれ

だれも自分を欺いてはならない。もしあなたがたのうちに、自分がこの世の知者だと思う人がいるなら、その人は知者になるために愚かになるがよい。なぜなら、この世の知恵は、神の前では愚かなものだからである。

——「コリント人への第一の手紙」3章18－19節

人間は誰もが自己愛を持っている。ただし、この自己愛のコントロールがなかなか難しい。人間は自己中心的な性格を持っているので、放置しておくと、「自分がいちばん偉い」というような発想を持つようになる。特にその傾向は、自分に知恵がある、頭がよいと思っている人に強い。しかもそういう人は、表面的には、自分は謙虚であるように見せるという知恵を身に付けている。イエスは、こういう、自分は知恵があると勘違いしている人を嫌った。

人間の能力には限界がある。このごく当たり前のことがわかっているならば、神の前で人間は謙虚になるはずだ。この世界でどれだけ頭がよいと見なされていようと、全知全能の神の前では、愚か者にすぎない。この現実を知っている者が、ほんとうに知恵のある者なのである。神の前で謙虚である人は、他者との関係においても謙虚である。神の前で愚かであるということを認識している者に、実は真実の知恵が宿るのである。

秤《はかり》のたとえ

あなたがたの量るそのはかりで、自分にも量り与えられ、その上になお増し加えられるであろう。だれでも、持っている人は更に与えられ、持っていない人は、持っているものまでも取り上げられるであろう。

――「マルコによる福音書」4章24－25節

イエスは弟子たちに「神の国」が実現しつつあることを伝えた。弟子たちはそれを全世界に伝える義務を負う。そのことをイエスはこういう表現で示した。人間を救済する「神の国」について正しく理解している者は、さらに多くの知識を与えられる。これに対して、中途半端にしかイエスの説く「神の国」について理解していない者は、知識を完全に奪われてしまう。

仕事や勉強においても、中途半端な知識しかないのにすべてわかっていると理解すると、大失敗する。物事についての知識は、完全に理解しない限り、それを活用しない方がいい。外務省でロシア語の研修指導官をしていた経験に照らしても、このことは正しい。もちろん、ロシア語をいちばんよくできるのは、外国語学部のロシア語科を卒業した人だった。しかし、ロシア語未習者よりも、大学の第二外国語か第三外国語で中途半端にロシア語を勉強したことがある人の方ができなかった。生半可な知識は有害であると痛感し、聖書のこの言葉を思い出した。

受けるよりは与える方が幸い

わたしは、人の金や銀や衣服をほしがったことはない。あなたがた自身が知っているとおり、わたしのこの両手は、自分の生活のためにも、また一緒にいた人たちのためにも、働いてきたのだ。わたしは、あなたがたもこのように働いて、弱い者を助けなければならないこと、また「受けるよりは与える方が、さいわいである」と言われた主イエスの言葉を記憶しているべきことを、万事について教え示したのである。

——「使徒行伝」20章33‐35節

ここでパウロは、イエスが、「受けるよりは与える方が、さいわいである」と言ったという話をしているが、福音書にはイエスがこのような発言をしたという証拠はない。しかし、この言葉はキリスト教徒の人生観を端的に示している。

他人に何かを与えられるようになるためには、それに値するものを自分が持っていなくてはならない。パウロはキリスト教徒に、できるだけ努力して、他人に与えることができるものを作り出せと指示している。能力があるのにそれを活用しない怠惰な者をパウロは嫌う。なぜならば、各人の能力は神から与えられたものであり、それを十分に活用していないということは、罪だからである。

神から与えられたものをわれわれは神に返さなくてはならない。それは、隣人に対して、神から受けたものを与えることによって実現される。隣人を自分のように愛せという教えを実践することも、それが神の意に適うからだ。

悪と向きあう言葉

荒野の誘惑

試みる者がきて言った、「もしあなたが神の子であるなら、これらの石がパンになるように命じてごらんなさい」。イエスは答えて言われた、「『人はパンだけで生きるものではなく、神の口から出る一つ一つの言《ことば》で生きるものである』と書いてある」。

――「マタイによる福音書」4章3－4節

この物語は、「荒野の誘惑」として有名だ。ただし、イエスにこのような誘惑が実際に起きたわけではないと考える聖書学者が主流である。

イエスは、荒野で四十日間、断食をする。その後、悪魔が出てきて、神の子なら石をパンにできるはずだと挑発する。これに対して、イエスは、「人はパンだけで生きるものではない」と答えているが、これを「人は生きていくために、パンだけではなく、精神的なものも必要である」とする解釈は完全に間違っている。

ここで問題になっているのは、徹底的に物質的な問題で、「パンがなくても心配しなくてもいい。あなたに必要な食べ物を神が用意してくれる」という意味だ。人間の物質的な生活を神が保障してくれると信じろということだ。神の言葉に従って生きる者は、生活の糧も保障されるのである。

復讐してはならない

「目には目を、歯には歯を」と言われていたことは、あなたがたの聞いているところである。しかし、わたしはあなたがたに言う。悪人に手向かうな。もし、だれかがあなたの右の頬を打つなら、ほかの頬をも向けてやりなさい。

――「マタイによる福音書」5章38－39節

「目には目を、歯には歯を」という規定は、被害者が加害者に対する憎しみの故に過剰な報復に出るのを防ぐための規定だ。放置しておくと、人間は、「目には目と鼻を、歯には歯と耳を」くらいの過剰な復讐をしかねない。このような同害報復の規定は、イスラエルだけでなく古代中東社会における普遍的な原則であった。これに対してイエスは復讐を全面的に禁止する。これはイエスのリアリズムに基づく。

われわれは、悪人と対峙《たいじ》しなくてはならない場合がある。しかし、悪人と同じレベルで復讐をするならば、悪に屈服することになる。イエスが「だれかがあなたの右の頰を打つなら、ほかの頰をも向けてやりなさい」と言うのは、卑屈だからではない。右の頰を打たれても、なお左の頰を差し出す度胸を持てと説くのだ。そもそも卑屈で迎合的な人は、右の頰を打たれることもない。打たれても屈せずに、復讐の権利を自発的に放棄することによって、われわれは悪を克服することができるのである。

右目を捨てなさい

もしあなたの右の目が罪を犯させるなら、それを抜き出して捨てなさい。五体の一部を失っても、全身が地獄に投げ入れられない方が、あなたにとって益である。もしあなたの右の手が罪を犯させるなら、それを切って捨てなさい。五体の一部を失っても、全身が地獄に落ち込まない方が、あなたにとって益である。

――「マタイによる福音書」5章29-30節

小学校低学年のとき、日曜学校で牧師からこの話を聞いて戦慄《せんりつ》した。「目を抜き出して捨てる」とか「手を切って捨てる」などと説くイエスという人がとても恐ろしく思えた。しかし、「なぜ、イエス様はこんな恐ろしいことを言うんですか」と牧師に尋ねる勇気はなかった。

さらに神学部で学ぶようになってから、このイエスの言葉の意味が一層わからなくなった。なぜなら右目を抜き出しても、左目がこの人をつまずかせる可能性が十分残っているからだ。同様に、右手を切って捨ててしまっても、左手がこの人をつまずかせる可能性も残っているからだ。

聖書の言葉には、このようにいくら考えてもその意味がわからないものがある。そういうときは、簡単にわかったふりをしないことが重要だ。わからないまま、考え続けるという姿勢が求められるのである。現時点で、私はこの言葉を、信仰には、片目を抜き出す、片手を切って捨てるくらいの覚悟が必要だという心構えを示したものと受け止めている。

豚に真珠を与えるな

聖なるものを犬にやるな。また真珠を豚に投げてやるな。恐らく彼らはそれらを足で踏みつけ、向きなおってあなたがたにかみついてくるであろう。

――「マタイによる福音書」7章6節

聖なるものとは、ユダヤ教の文脈では神殿の供え物の肉を指す。これは祭司のみが食べることができる。また、真珠は、ユダヤ教の伝統では宗教的に価値があるもののたとえで用いられる。犬と豚は、ユダヤ教では汚れた獣とされている。

キリスト教では、ここで言う聖なるものを福音と考える。福音とはイエス・キリストが伝えた人間を救う善いニュースのことだ。福音について、誰に対して説いてもいいということではない。キリスト教をまったく受けいれる気持ちがなく、不真面目な人に福音を説いても、豚に真珠を与えるようなことにしかならない。

キリスト教は博愛主義を説いていると誤解されることがときどきあるが、ここでの言葉からわかるように、イエス・キリストは福音を伝える相手を選別している。ちなみに教会では、パンとぶどう酒を共に食べ飲む聖餐《せいさん》式という儀式があるが、そこからは通常、洗礼を受けていない人は除外される。その根拠が、この聖書の言葉に求められることがある。

罪の誘惑

この世は、罪の誘惑があるから、わざわいである。罪の誘惑は必ず来る。しかし、それをきたらせる人は、わざわいである。

――「マタイによる福音書」18章7節

「罪の誘惑」とは、イエス・キリストが説いた福音から逸脱させるということだ。こういうことを言っているのは、教会の中に深刻な分裂の危機があるからだ。教会内に他の信者をつまずかせる者がいるということだ。なぜこのようなことが生じるのであろうか。

キリスト教徒も現実の社会の中で生きている。そうなるとイエスの教えに百パーセント従うような生活はできなくなる。どこかで現実との折り合いをつけなくてはならない。この線引きをめぐって教会内では対立が起きやすい。ある人たちが「この程度の妥協はやむをえない」と考えるのに対して、別の人たちが「こういう妥協は信仰をつまずかせるものだ」と考えるからだ。

これは教会だけでなく、企業や政治団体の中でもよく起きる話だ。内部分裂は、必ず「罪の誘惑をきたらせる人は、わざわいである」という非難から始まる。しかし、それがほんとうに罪の誘惑なのか、それとも必要不可欠な妥協であるかについてはよく吟味する必要がある。

欲望が罪を生む

だれでも誘惑に会う場合、「この誘惑は、神からきたものだ」と言ってはならない。神は悪の誘惑に陥るようなかたではなく、また自ら進んで人を誘惑することもなさらない。人が誘惑に陥るのは、それぞれ、欲に引かれ、さそわれるからである。欲がはらんで罪を生み、罪が熟して死を生み出す。

――「ヤコブの手紙」1章13－15節

誘惑（試錬）には、信仰を強化する機能がある。しかし、神が人間を誘惑しているというのは、間違った考えだ。なぜなら、人間を誘惑しないというのが、神の属性であるからだ。このことをよく理解しておかなくてはならない。

誘惑、すなわち人間を神から離反させようとする試みは、その人間の内部にある悪から生まれてくるものだ。恐らく、人間の欲望が、このような誘惑をもたらす原因になっている。それだから、欲望が、人間を神から離反させるという罪をもたらす。そして、罪は人間の死をもたらす。この死は、誰もが免れることができない肉体の死にとどまらず、最後の審判で選ばれずに、永遠に滅びてしまうという意味での死だ。

キリスト教から離れて、私たちの生活を見ても、欲望にとらわれている人は、決して満足することはない。なぜなら、人間の欲望は無限であり、その追求を価値として生きている人は、一生、欲望に振り回されるからだ。欲望を超えた価値を持つことが、安定した人生を送る秘訣である。

争いの原因

あなたがたの中の戦いや争いは、いったい、どこから起るのか。それはほかではない。あなたがたの肢体の中で相戦う欲情からではないか。

――「ヤコブの手紙」4章1節

人間には競争心がある。また、他人よりも上に立ちたいという優越への欲望もある。イエス・キリストの教えに忠実に従っていると主観的には思っているキリスト教徒でも、このような人間的弱点を免れることはできないのである。

「ヤコブの手紙」の著者は、教会内部の諍《いさか》いの原因について、「あなたがたの肢体の中で相戦う欲情からではないか」と戒めている。

恐らくこの教会も、国家権力やユダヤ教など、外部からの脅威があったときには、一致団結して闘っていたのだと思う。企業でも官庁でも、外部との関係で大きな仕事に従事しているときは、組織内部は団結し、引き締まっている。しかし、そのような大きな課題がなくなると、内部での権力闘争が始まり、足の引き合いが起きる。「ヤコブの手紙」の著者は、このような内部抗争が、結果として教会の敵を利することになると警告する。聖書が組織論の参考書としても役立つ事例だ。

内面の悪

わたしの内に、すなわち、わたしの肉の内には、善なるものが宿っていないことを、わたしは知っている。なぜなら、善をしようとする意志は、自分にあるが、それをする力がないからである。すなわち、わたしの欲している善はしないで、欲していない悪は、これを行っている。

――「ローマ人への手紙」7章18－19節

イエス・キリストは自らがユダヤ教徒であると考えていた。これに対して、イエスの教えがユダヤ教と本質的に異なることを明らかにしたのはパウロだ。その意味でパウロは、キリスト教という宗教の開祖なのである。

パウロの特徴は、自らの罪深さを徹底的に深く認識したことだ。主観的に善いことを行おうとしても、客観的には悪いことばかり行ってしまう。なぜこのようなことになるのかとパウロは深く悩み、考えた。その結果、自分の内面に巣喰っている悪に気づいた。パウロは、人間を罪から解放するという観点からイエスの教えをもう一度捉え直し、旧約聖書を解釈し直した。

現代の世界にも、過激派組織「イスラム国」（ＩＳ）によるテロ、深刻な格差、貧困、環境破壊などのさまざまな問題がある。このような問題を解決するにあたって、パウロの視座に立つ必要がある。人間の悪に目を据えれば、社会構造の改革だけでは解決できない問題を克服することが可能になる。

体の欲に従うな

あなたがたの死ぬべきからだを罪の支配にゆだねて、その情欲に従わせることをせず、また、あなたがたの肢体を不義の武器として罪にささげてはならない。むしろ、死人の中から生かされた者として、自分自身を神にささげ、自分の肢体を義の武器として神にささげるがよい。

――「ローマ人への手紙」6章12－13節

人間は、自らの意思では、どれだけ努力しても悪を回避することができない。自分の心が、身体と結びつき、悪を行っているという現実を直視しなくてはならないとパウロは自覚した。そして悪に向かう自分の性向を改めることは、自己に固執することをやめ、イエス・キリストを信じることによってのみ可能になる、という信仰を持つに至った。

そうすることで、悪に向かう自分の性向が変化した。自分の罪を認め、悔い改めて、イエス・キリストを信じるようになる。そして、隣人を自分と同じように愛するようになる。このように人生を切り換えることにパウロは成功した。その結果、パウロは自分が自由になったと感じた。そして、他の人々ともこの自由を共有したいと考えたのである。

怒るに遅くあれ

愛する兄弟たちよ。このことを知っておきなさい。人はすべて、聞くに早く、語るにおそく、怒るにおそくあるべきである。

――「ヤコブの手紙」1章19節

この手紙の著者ヤコブがどういう人であったかは、よくわかっていない。「聞くに早く」とは、情報収集を入念に行えという意味だ。どんな話でも、とりあえず自分の耳に入れておく。そこから取捨選択すればよい。そして、発言するときは慎重にしなくてはならないというのが「語るにおそく」の意味だ。

キリスト教は人間の行動に関心を持つ。信仰は即、行動となって現れるからだ。その場合、特に気をつけなくてはならないのは怒りだ。人間には、自分の意思でなかなか制御できない感情があるが、その一つが怒りだ。怒ると人間は正確な判断ができなくなる。そして、感情にまかせて行動することになる。その結果、罪を作り出してしまい、自分が苦しむことになる。

もっともここで、怒りを制御せよと述べるのは、ヤコブ自身が頻繁《ひんぱん》に怒っていたからだと思う。それ故にヤコブは人間関係で敵をたくさん作った。自分は怒りを上手に制御できないので、他のキリスト教徒には、きちんと制御して欲しいと呼びかけているのである。

怒りを持ち越すな

あなたがたは偽りを捨てて、おのおの隣り人に対して、真実を語りなさい。わたしたちは、お互《たがい》に肢体なのであるから。怒ることがあっても、罪を犯してはならない。憤ったままで、日が暮れるようであってはならない。

――「エペソ人への手紙」4章25－26節

人間は性悪な存在だ。誰にも、嘘をつく傾向がある。自分の責任を免れるため、自分を実態よりも大きく見せるため、知恵があるように見せるために嘘をつく。しかし、嘘には露見するリスクがある。「こいつは嘘つきだ」というレッテルを貼られると、仕事の上でも、私生活の上でも支障が出てくる。それだけではない。自分で自分が信じられなくなってしまう。嘘をつくような生活から人間が自力で抜け出すことはできない。イエス・キリストを信じ、彼に従うことによってのみ、人間は嘘に塗《まみ》れた生活から抜け出すことができるのである。

人間には喜怒哀楽の感情がある。絶対に怒るなというような無理な要請をパウロはしていない。夜まで怒りを持ち越してはいけないと言っているのだ。夜は悪魔が支配する時間だ。

感情的なメールは、大抵、夜中に書かれたものだ。夜中に書いたメールは、そのまま送信せずに、朝になってから読み返してみることを勧める。おかしな内容があれば書き改める。そうするだけで、対人トラブルをかなり避けることができる。

舌という火

舌は小さな器官ではあるが、よく大言壮語する。見よ、ごく小さな火でも、非常に大きな森を燃やすではないか。舌は火である。不義の世界である。舌は、わたしたちの器官の一つとしてそなえられたものであるが、全身を汚し、生存の車輪を燃やし、自らは地獄の火で焼かれる。

――「ヤコブの手紙」3章5－6節

日本でも「口は災いのもと」と言う。しかし、人間のコミュニケーションのかなりの部分が言語を媒介としてなされるので、完全に沈黙することはできない。馬を制御する場合には、くつわと鞭《むち》でできる。船も舵《かじ》取りをすることで制御できる。しかし、人間の言葉を制御することは、なかなか難しい。

ここで「ヤコブの手紙」の著者が想定しているのは、イエス・キリストの教えについて語る教師たちのことだ。教師が、自らの言葉を制御することができず、イエス・キリストの教えに余計なことを付加したり、自分にとって都合がよくない部分を割愛してしまったりすると、福音が正しく伝わらない。教師たちはそのことを主観的にはよく理解しているつもりであっても、偏見の故に、語る言葉にはどこかに歪みが生じてしまう。

その危険を自覚するとともに、聞き手の側には、教師の話をそのまま鵜呑《うの》みにするのではなく、発話主体の利害関心による歪みを吟味するという姿勢が求められる。

人を汚すもの

あなたがたはみんな、わたしの言うことを聞いて悟るがよい。すべて外から人の中にはいって、人をけがしうるものはない。かえって、人の中から出てくるものが、人をけがすのである。

――「マルコによる福音書」7章14－15節

キリスト教は言葉を重視する宗教だ。心の中で思っていても、それを言葉にしなくては意味がない。神が人間に与えた重要な能力が言葉を使うことだ。

さて、ユダヤ教徒は、食物にこだわる。例えば、豚肉は食べない。不浄な物を食べることによって罪を犯すことを恐れるからだ。これに対してキリスト教徒は何でも食べる。イエス・キリストが、罪は食べ物によって生じるのではなく、「人の中から出てくるもの」すなわち、人が発する言葉によって生じるという認識を示しているからだ。

人間は言葉によって、人を喜ばせることができるが、人を悲しませ、怒らせ、陥れることもできる。もっとも、正しく言葉を使うことに努めているつもりでも、どうしても余計なことや悪意を含んだことを言ってしまう。自分の言葉を反省することによって、自分に内在する罪を自覚することがとても重要だ。罪の自覚なくして、悔い改めはないからだ。

木はその実でわかる

木が良ければ、その実も良いとし、木が悪ければ、その実も悪いとせよ。木はその実でわかるからである。まむしの子らよ。あなたがたは悪い者であるのに、どうして良いことを語ることができようか。おおよそ、心からあふれることを、口が語るものである。

――「マタイによる福音書」12章33－34節

人間は、お世辞や粉飾で事実と異なることを言うことがあるが、それを長く続けることはできない。口先で調子のいいことを言っていても、どこかで必ず辻褄《つじつま》が合わなくなる。イエスはそのことを実によく洞察している。

ある人の話を継続的にフォローしていると、その人の考えていることが自ずから見えてくる。心の底から善意の人は、人々を和ませ、理解を深めるような話をする。これに対して、心の中に悪意を持っている人は、人々を反目させ、憎み合わせるような話ばかりする。口は悪いが、腹の中は善意だというような人はいない。たとえ冗談を装って他人の悪口を言う人であっても、そこには半分くらいの本音、すなわち悪意がある。

人の話に注意深く耳を傾けていると、その人が悪意を持っているか善意を持っているかはわかるものだ。それだから、イエスは弟子たちに聞き上手になることを勧めている。

他人を裁くな

すべて人をさばく者よ。あなたには弁解の余地がない。あなたは、他人をさばくことによって、自分自身を罪に定めている。さばくあなたも、同じことを行っているからである。

――「ローマ人への手紙」2章1節

ここでパウロが呼びかけている対象は、自分たちは神に選ばれた民で律法に通暁していると自負しているユダヤ人たちだ。この人たちは、律法の基準に従って、自分が他人を裁くことができると勘違いしている。しかし、自分が神の意志を知っていると考えること自体が傲慢で間違っている。律法に通暁した自分が裁かれることはないと勝手に安全圏に身を置き、他者を裁くような増長した姿勢をパウロは激しく批判する。

こういう人は、会社や役所でも少なからずいる。キリスト教的には、自分が罪人であるという現実を自覚せずに、他者を裁くような姿勢は悪行である。自分を棚に上げて他者を裁くような人は、主観的には正義の告発者であっても、神の視座からすれば、罪に深くとらわれた人なのである。

神の怒りに任せよ

愛する者たちよ。自分で復讐をしないで、むしろ、神の怒りに任せなさい。なぜなら、「主が言われる。復讐はわたしのすることである。わたし自身が報復する」と書いてあるからである。むしろ、「もしあなたの敵が飢えるなら、彼に食わせ、かわくなら、彼に飲ませなさい。そうすることによって、あなたは彼の頭に燃えさかる炭火を積むことになるのである」。悪に負けてはいけない。かえって、善をもって悪に勝ちなさい。

――「ローマ人への手紙」12章19－21節

「目には目を、歯には歯を」という復讐刑は、古代バビロニア帝国で実施されていた。この伝統をユダヤ教も継承した。今でもイスラム世界では復讐法が機能している。

これに対して、キリスト教は復讐法を採用しない。なぜなら、復讐は人間ではなく、神が行う専管事項であるからだ。この世界の支配者は神であり、人間が犯した罪に対する復讐についても全面的に神に委ねられる。敵に対してキリスト教徒が取るべき態度は、憎しみでなく、愛に基づくのでなくてはならない。日本的に言うならば「罪を憎んで人を憎まず」ということになる。

ちなみにヨーロッパでは世俗化が進む過程で、復讐する主体が神から成文法（刑法）に転換した。欧米や、それに範をとった日本の近代法が復讐を禁止している背後には、「復讐はわたしのすることである。わたし自身が報復する」というイエスの言葉がある。聖書の言葉はこのような形で現代文明に埋め込まれているのである。現在、普遍的な価値観とみなされている国家主権、人権、法の支配などの発想の背後にはキリスト教があるのだ。

悪い交わり

まちがってはいけない。「悪い交わりは、良いならわしをそこなう」。目ざめて身を正し、罪を犯さないようにしなさい。あなたがたのうちには、神について無知な人々がいる。

――「コリント人への第一の手紙」15章33－34節

キリスト教徒には独自の価値観がある。ここで言う「悪い交わり」とは、キリスト教の価値観を否定する人たちと交遊し、その基準で生活することを意味する。金銭を求める、出世を追求するといったことも「悪い交わり」の典型的な例だ。子どもを少しでも偏差値の高い学校に入れようとし、小学生の時から進学塾に夜遅くまで通わせることも「悪い交わり」から生まれている。

キリスト教徒は死後の復活と永遠の命を信じている。従って、無神論的、世俗的なこの世界に住んでいても、別の価値基準に基づいて生活している。もちろん、それは金銭、出世、子どもの受験などを全面的に否定することではない。世の中の基準で生きるとともにキリスト教徒としての基準でも生きるというハイブリッドな生活を意味しているのだ。

世の中の価値観に過剰に引き寄せられそうになったときは、イエス・キリストならばこのような生き方を是認するであろうかと自問自答すれば、道を踏み外すことはない。

警戒すべき人

兄弟たちよ。あなたがたに勧告する。あなたがたが学んだ教《おしえ》にそむいて分裂を引き起し、つまずきを与える人々を警戒し、かつ彼らから遠ざかるがよい。なぜなら、こうした人々は、わたしたちの主キリストに仕えないで、自分の腹に仕え、そして甘言と美辞とをもって、純朴な人々の心を欺く者どもだからである。

――「ローマ人への手紙」16章17－18節

右のように述べるパウロは、類《たぐ》い希《まれ》な政治力がある。どの宗教でも危険なのは、教祖の教えの一部を教義の全体であると誇張する人たちだ。一見、この人たちは純粋に見える。しかし、純粋さを武器にして、自分たちが権力を握ろうとする野心を持っている。大抵の場合、こういう人たちは自分の野心を意識していないので質《たち》が悪い。

当初は、教会内に分派を作る。分派ではあっても同じ教会に所属しているからと、事態を放置すると深刻なトラブルに発展する。分派は教会内の権力を奪取するために、外部の敵と手を握るようになるからだ。「敵の敵は味方である」という論理に分派は支配されるようになる。その結果、教会に危機が訪れる。組織人であるパウロは、このような危機を芽のうちに摘み取っておかなくてはならないと考えている。

純朴な人々の心を欺くようなつまずきを与える人々がもっとも有害であるという組織論は、教会だけでなく、企業にも応用することができる。

白く塗った墓

あなたがたは、わざわいである。あなたがたは白く塗った墓に似ている。外側は美しく見えるが、内側は死人の骨や、あらゆる不潔なものでいっぱいである。このようにあなたがたも、外側は人に正しく見えるが、内側は偽善と不法とでいっぱいである。

——「マタイによる福音書」23章27-28節

他人を評価するときに、わたしたちはその人の肩書き、出身校、所属している組織を、無意識のうちに基準としてしまう。しかし、そのような基準で人間を判断することは間違っている。人間の外面と、内面が異なっていることがよくあるからだ。

このことを外務省にいるときに私は実感した。外部からは人格者と見られている大使が、能力のある公使に意地悪をして、古い公用車しか使わせなかったり、政治家におべんちゃらを言って、米つきバッタのように頭を下げたりする。注意深く観察すると、こういう人は、心の中に闇を抱えていた。

私を含め、人間には自分を取り繕《つくろ》おうとするところがある。そうやって外面だけきれいに見せても、心の闇を克服することはできない。そして、きれいな白く塗った墓のような外面を維持しながら、心の中では闇が広がり、腐敗していく。イエスは、社会的評価の高い人々に自分の内面を見つめよと繰り返し説いている。

裏切りの予告

今夜、鶏が鳴く前に、あなたは三度わたしを知らないと言うだろう。

――「マタイによる福音書」26章34節

ペトロはイエスの一番弟子であるが、少し調子がいいところがある。官憲に逮捕される日の夕刻、イエスが弟子たちに「今夜、あなたがたは皆わたしにつまずく」、即ち「お前たちは全員、俺を裏切る」と言った。これに対して、ペトロが「たとい、みんなの者があなたにつまずいても、わたしは決してつまずきません」と宣言する。これに対して、イエスが「今夜、鶏が鳴く前に、あなたは三度わたしを知らないと言うだろう」と言い返す。ペトロは「たといあなたと一緒に死なねばならなくなっても、あなたを知らないなどとは、決して申しません」と言う。しかし、実際には、ペトロは鶏が鳴く前に三度イエスを知らないと言うのである。

人間は弱い存在だ。自分の弱さを素直に認めず、イエス・キリストに徹底的に従うことができるなどと調子のいいことを言ってはいけない。ちなみに遠藤周作氏の小説『沈黙』で、何度も転ぶ（信仰を捨てる）キチジローのキャラクターは、ペトロを基にしている。

肉体は弱い

誘惑に陥らないように、目をさまして祈っていなさい。心は熱しているが、肉体が弱いのである。

――「マタイによる福音書」26章41節

ゲッセマネは、エルサレムの東方にある小高い丘（オリーブ山）の中腹にある。官憲に逮捕されて殺される危機が迫っていると認識したイエスは、ここで三回の苦しみに満ちた祈りをする。

ここでは、イエスがその後受ける苦難が先取りされている。イエスは、真の人間である。一人の人間として、捕らえられ、拷問にかけられ、殺されることは恐ろしい。イエスも悩み、不安に陥ったのである。このイエスを救ったのが祈りの力だ。キリスト教は、祈りを重視する宗教である。なぜなら、祈りによってのみ、人間は神とのコミュニケーションが可能になるからだ。

しかし、ゲッセマネでイエスが必死になって祈っているときに、弟子たちは眠り込んでしまう。すなわち、弟子たちはイエスと祈りを共有していない。それは、これからイエスが直面する苦難を弟子たちが精確に予測していないからだ。弟子たちも頼りないという現実の中で、イエスの孤独が浮き彫りになる。

身代わりの死

イエスは言われた、「父よ、彼らをおゆるしください。彼らは何をしているのか、わからずにいるのです」。人々はイエスの着物をくじ引きで分け合った。

——「ルカによる福音書」23章34節

十字架に掛けられたイエスを、その場にいた人たちは揶揄《やゆ》する。くじを引いて、イエスから脱がした服を分配する。役人たちは、「彼は他人を救った。もし彼が神のキリスト、選ばれた者であるなら、自分自身を救うがよい」、兵卒たちは「あなたがユダヤ人の王なら、自分を救いなさい」とからかう。

この人たちは、神の子とは超能力を発揮し、死の危機から自らを救い出すことができる存在であると勘違いしている。キリストの強さが、弱さにあるということを理解していない。イエスは、罪がないにもかかわらず、真の人になって、他の人間の代わりにその罪を引き受けて死んだのである。イエス・キリストの代理の死が、人間が救済される根拠なのである。

人間は愚かな存在だ。自分が行っていることがどういう意味を持っているかを理解できていないことが頻繁にある。ただし、その後、どこかの時点で「しまった」と気づくことがある。そういうときは、妙なプライドにとらわれずに軌道修正することが重要だ。

自分を変える言葉

種をまく人

種まきは御言《みことば》をまくのである。道ばたに御言がまかれたとは、こういう人たちのことである。すなわち、御言を聞くと、すぐにサタンがきて、彼らの中にまかれた御言を、奪って行くのである。

――「マルコによる福音書」4章14―15節

イエスは重要なことを常にたとえ話で説明した。しかし、弟子たちはその意味を理解することができないのが大半の例だ。

道端で種をまく人とは、神の言葉を伝えるイエス・キリストのことだ。人々はイエスの言葉を聞いて、それが正しいと思って行動しようとする。するとサタン（悪魔）がやってきて、神の言葉に対して疑問を抱くような方向に人間を誘惑する。人間には判断力があるが、その判断力で物事を正しく理解できることは少ない。悪魔の囁《ささや》きの方が神の言葉より、人間には説得力がある。しかし、それを信じてしまう人は救われない。

キリスト教徒は神についてあれこれ考えるのではなく、聖書を通じて語られる神の言葉に対して徹底的に忠実でなくてはならない。神が言葉を語るそのすぐ横に悪魔がいて誘惑しても、神を裏切ることがあってはならない。人間の目には見えなくても、確実に存在する神の力を信じることが、サタンの誘惑に負けない唯一の方策だ。

根のない人

石地にまかれたものとは、こういう人たちのことである。御言を聞くと、すぐに喜んで受けるが、自分の中に根がないので、しばらく続くだけである。そののち、御言のために困難や迫害が起ってくると、すぐつまずいてしまう。

――「マルコによる福音書」4章16－17節

世の中にはさまざまなタイプの人がいる。たとえば何事に対しても懐疑的な人がいる。イエスは、こういう人たちを石ころだらけの場所にまかれた種にたとえている。こういう人はイエスによって伝えられた神の言葉をすぐに理解する。すぐに理解することができるのは、聡明であるからではなく、自分の頭でよく考えていないからだ。そういう人たちの信仰は弱い。根無し草のような人なので、信仰のために弾圧がかかった場合でなくても、ちょっとした不利益があるだけで信仰を捨ててしまう。恐らくその人に悪意があるのではなく、センサーシステムが発達しすぎているのだ。それだから、ちょっとした外部の状況の変化に過剰反応してしまう。

パワハラだとコンプライアンス（法令遵守）担当部局に訴えられることを恐れて、新入社員の教育を疎かにする中間管理職がそのよい例だ。こういう人は、きちんとした仕事を全うすることができない。他人や周囲の状況に惑わされず、艱難や迫害に耐えることができる胆力を養うことが、人生で成功する秘訣だ。

欲望にとらわれた人

いばらの中にまかれたものとは、こういう人たちのことである。御言を聞くが、世の心づかいと、富の惑わしと、その他いろいろな欲とがはいってきて、御言をふさぐので、実を結ばなくなる。

――「マルコによる福音書」4章18‐19節

良い土地にまかれた種は、三十倍、六十倍、百倍の成果を結ぶとイエス・キリストは強調する。ここで直接、語られていない前提がある。種が苗や木に生まれ変わるためには、種としての存在を止《や》めなくてはならない。たとえて言うならば、一度死ななくては、生き返って大きく成長することはできないのである。イエス・キリストは十字架の上で死んで三日目に甦った。このことが、罪を負った人間が救われる根拠であるとキリスト教は説く。イエスという一人の男が死んだことにより、これまで歴史に登場した数十兆人の人間が救われるのだ。

一度、死んだつもりになって物事を受けいれる。そうすると活路が開けてくるということを筆者も何度か経験した。キリスト教の強さは、死を恐れないことである。人間は死んでも復活することができる。そう信じることによって、誰もが持つ死という限界を超克することができる。良い土地とは、死を恐れない人間のことなのである。

神を愛せ

「心をつくし、精神をつくし、思いをつくして、主なるあなたの神を愛せよ」。これがいちばん大切な、第一のいましめである。

――「マタイによる福音書」22章37－38節

イエスに対して頻繁にユダヤ教のラビ（律法学者）が寄ってきて、引っかけ質問をする。このときも、たくさんあるユダヤ教の律法のうち、どれが一番大切かとイエスに尋ね、どのような答えであっても因縁《いんねん》をつけようとラビは考えていた。ラビは、一番重要な掟を単数形で聞いた。これに対して、イエスは、この答えとともに次項の「自分を愛するようにあなたの隣り人を愛せよ」と二つの答えをしている。その意味で、ラビの質問に対して真面目に答えず、上手くかわしている。

「主なるあなたの神」を愛せというのは、ユダヤ教の大原則だ。ただし、イエスにおいては律法を遵守することによってではなく、「心をつくし」「精神をつくし」「思いをつくして」すなわち、全人格的に神を愛せと説く。このような、一人一人の信者の人格を重視するという視座は、ユダヤ教においては稀薄である。ユダヤ教とキリスト教の、神と人間に関する違いが端的に表れている箇所だ。

隣人を愛せ

第二もこれと同様である、「自分を愛するようにあなたの隣り人を愛せよ」。

――「マタイによる福音書」22章39節

ここで重要なのは、イエスが「無条件で隣人を愛せ」という類いの博愛を説いてはいないことだ。イエスが具体的に、「自分を愛するように」と説いていることがポイントだ。キリスト教は自己愛を重視するのである。裏返して言うならば、自分を愛することができない人は、隣人を愛することもできないのである。

このような自己愛が崩壊している事例の一つにストーカーがある。ストーカーは、相手を過剰に愛しているように見えるが、実際は相手を自分の思い通りに操縦することができないと、自分が崩壊してしまうと焦っているのだ。自分のために相手を徹底的に搾取《さくしゅ》、収奪することしか考えていない。従って、相手が逃げ出すと、意のままに操ることができなくなるので、ストーカー行為を始め、最悪の場合は相手を殺害する。

まっとうな自己愛を持っていない人が、他者との関係を構築しようとするとたいへんな悲劇が生じる場合がある。自己愛を大切にしながら、隣人を自分のように愛することが重要なのである。

なすべき善

人が、なすべき善を知りながら行わなければ、それは彼にとって罪である。

――「ヤコブの手紙」4章17節

イエス・キリストを信じる人は、この世に終末があることを信じている。終末は、明日来るか、百年後か、あるいは千年後か、それとも十万年後かは、誰も予測することができない。しかし、終末は確実に来る。人間は、終末に向けての長い時間の中で、「しばしの間あらわれて、たちまち消え行く霧にすぎない」（「ヤコブの手紙」4章14節）という認識を、キリスト教徒は持たなくてはならない。この短い人生の中で、なすべきことを先延ばしにしてはならないのである。

イエス・キリストの教えに触れたキリスト教徒は、なすべき善について知っている。それは、自分の隣人を自分と同じように愛することだ。愛は行為によって示される。頭や心の中で、どれだけ愛について考えていても、それが行動に結びつかないならば、何の意味も持たない。信仰即行為なのである。他人を愛することを行動によって示すことができないならば、それは罪である。愛を実践することで罪からの脱構築を試みる必要がある。

愛がなければ

わたしに預言をする力があり、あらゆる奥義とあらゆる知識とに通じていても、また、山を移すほどの強い信仰があっても、もし愛がなければ、わたしは無に等しい。たといまた、わたしが自分の全財産を人に施しても、また、自分のからだを焼かれるために渡しても、もし愛がなければ、いっさいは無益である。

――「コリント人への第一の手紙」13章2－3節

信仰の力は不可能を可能にする。山を動かすことだって可能である。これは現実に可能だ。ダイナマイトと重機を用いて山を動かすことは実際に行われている。また、チャリティーに多額のカネを寄付する人もときどきいる。しかし、これらの行為だけでは、信仰と言えないのである。キリスト教は愛の宗教だ。自分自身を愛するのと同じように他人を愛することが基本にあって、初めて行為は意味を持つ。

人間には名誉心がある。名誉を得るために、努力し、寄付し、場合によっては命を捧げることすらあるが、パウロはそのような行為にまったく価値を見出さない。イエス・キリストによる自己犠牲の死になぞらえて、「国のために死ぬことは高貴なことだ」と欧米のキリスト教諸国は煽《あお》ってきたが、名誉のための死にキリスト教は価値を見出さない。人間の名誉心が不必要な競争や諍いを起こすことをパウロはよくわかっているから、このように諌《いさ》めているのである。

愛の教え

愛は寛容であり、愛は情深い。また、ねたむことをしない。愛は高ぶらない、誇らない、不作法をしない、自分の利益を求めない、いらだたない、恨みをいだかない。不義を喜ばないで真理を喜ぶ。そして、すべてを忍び、すべてを信じ、すべてを望み、すべてを耐える。

——「コリント人への第一の手紙」13章4－7節

キリスト教の愛に対する教えが端的に表れている言葉だ。

日本語で言う愛は、ギリシア語でのエロースを指す内容が多い。エロースは自分に欠けているものを追い求める情熱だ。この中にセックスも含まれるが、それだけではない。仕事や芸術に対する情熱もエロースだ。

これに対してイエス・キリストが説いた愛はギリシア語のアガペーだ。一切の見返りを求めない一方的な愛である。このような愛の特徴がここに列挙されている。果して、人間はこのようなアガペーを持てるのであろうか。私は持てると考えている。親子の愛情、恋人同士の愛情、友情の中でも、一瞬だけかもしれないが、相手からの見返りを一切求めないアガペーとしての愛を誰もが示すことができる。

重要なのは、その瞬間のことをきちんと記憶しておくことだ。親子、夫婦、友人関係がぎくしゃくしたときに、かつてアガペーの瞬間があったことを思い出せば、決定的な決裂を避けることができる。

真理と自由

もしわたしの言葉のうちにとどまっておるなら、あなたがたは、ほんとうにわたしの弟子なのである。また真理を知るであろう。そして真理は、あなたがたに自由を得させるであろう。

——「ヨハネによる福音書」8章31－32節

ユダヤ教において真理とは、神のみが知る事柄であった。その真理をイエスは知っている。なぜなら、キリスト教の理解では、イエス・キリストは真の神で真の人だ。真の神だから、神の属性である真理を保持しているのは当然だ。イエス・キリスト自身が真理なのである。それだから、神の子であるイエスの言葉を信じて実践することが真理を体得することであり、そういう人がイエスの弟子なのである。

新約聖書において、自由とは複合的な意味だ。律法からの自由、罪からの自由、悪からの自由、死からの自由、この世の秩序からの自由などを意味する。人間は、原罪によって、罪の奴隷になっている。この状況から解放されて、自分自身のように隣人を愛し、相互に愛し合うような位相で生活できるようになるということが自由なのである。死んで肉体から魂が離れ自由になるというグノーシス主義（神秘思想）とは異なり、キリスト教の自由とは、あくまでも此岸《しがん》（この世）的なものである。

よい羊飼いとは

わたしはよい羊飼である。よい羊飼は、羊のために命を捨てる。羊飼ではなく、羊が自分のものでもない雇人は、おおかみが来るのを見ると、羊をすてて逃げ去る。そして、おおかみは羊を奪い、また追い散らす。

——「ヨハネによる福音書」10章11－12節

旧約聖書の「エゼキエル書」にこんな預言がある。〈わたしは彼らの上にひとりの牧者を立てる。すなわちわがしもベダビデである。彼は彼らを養う。彼は彼らを養い、彼らの牧者となる。〉（「エゼキエル書」34章23節）

牧者とは羊飼いのことだ。羊飼いには、ダビデ王のような指導者という意味がある。よい羊飼いの下では羊が安全に暮らすことができるように、イエス・キリストを信じる人たちは、生活を保障され、救われるのである。

当時の牧畜生活では、羊飼いは自分が傷を負い、場合によっては命を失うことがあっても、自分が飼っている羊を守った。狼が羊の群れを襲ってきた場合、羊を守ることを依頼されただけの雇い人は、自分の身が可愛いので逃げてしまう。これに対して、自分の羊を守っている羊飼いは、命がけで狼と戦う。イエスは、「俺の下に来るならば、俺はあんたたちを命がけで守る」と言っている。そして実際に、イエスはそのような行動をした。真のリーダーシップとは何かを教えている言葉だ。

一匹の羊

あなたがたはどう思うか。ある人に百匹の羊があり、その中の一匹が迷い出たとすれば、九十九匹を山に残しておいて、その迷い出ている羊を捜しに出かけないであろうか。もしそれを見つけたなら、よく聞きなさい、迷わないでいる九十九匹のためよりも、むしろその一匹のために喜ぶであろう。

――「マタイによる福音書」18章12－13節

二〇一五年二月一日、過激派組織「イスラム国」の構成員と見られる黒装束の男によって、ジャーナリストの後藤健二氏が殺害される映像が動画サイトに公開された。後藤氏は日本基督教団に所属するプロテスタントのキリスト教徒だ。

イエス・キリストは、九十九匹の羊を残してでも、迷った一匹の羊を捜すべきだと言った。「イスラム国」に湯川遥菜氏が捕らえられたとき、誰も本気で彼を助け出そうとしなかった。「誰もやらないのならば、君がやらなくてはならない」という神の声が後藤氏には聞こえたのだと思う。突然、心の中に聞こえてくる神の声をキリスト教徒は重視する。特にプロテスタント教徒は、自分の職業を通じて召命を遂行するという意識が強い。後藤氏の場合、湯川氏を捜すことが召命と思えたのだろう。それだから、外務省の渡航自粛要請を無視した。キリスト教徒にとって、神からの召命の方が国家の要請よりも上位に立つ。

後藤氏は、黒装束のテロリストが首にナイフをあてたときも、うろたえず、まっすぐ前を向いていた。キリスト教徒にとって、死がすべての終わりではない。イエス・キリストを信じる者は、死から復活し、永遠の命を得ると信じている。そのために隣人と真剣に向かい合うという生き方が求められる。後藤健二氏は、このことを命をかけて証したのだ。

184

友のために命を捨てる

わたしがあなたがたを愛したように、あなたがたも互に愛し合いなさい。人がその友のために自分の命を捨てること、これよりも大きな愛はない。

――「ヨハネによる福音書」15章12－13節

「友のために自分の命を捨てること」とは、人間間の友情を指しているのではない。マフィアやヤクザのような暴力集団に所属している人間でも仲間のために命を捨てることはできる。ここで「友のために自分の命を捨てること」とは、イエス・キリストが、自分には何の罪もないのに十字架に掛けられて死ぬという意味だ。このようなイエスが示した愛にとどまり、愛の掟にとどまることによって弟子たちは友と呼ばれるのである。

キリスト教の特徴は「すべての道はイエス・キリストに通じる」という発想をするところにある。人生や仕事で困難な問題に直面したときは、聖書をひもとき、イエス・キリストならばこのような状況でどのように行動したかを考える。その上で、自分の行動をできるだけイエスに近づけていくというのが愛の掟にとどまるということだ。しかし、人間は本質的に性悪な存在であるので、愛の掟にとどまって行動することができない。イエス・キリストに従うことによってのみ、人間は愛を知ることができるのである。

捨ててこそ得る

父は、わたしが自分の命を捨てるから、わたしを愛して下さるのである。命を捨てるのは、それを再び得るためである。だれかが、わたしからそれを取り去るのではない。わたしが、自分からそれを捨てるのである。わたしには、それを捨てる力があり、またそれを受ける力もある。これはわたしの父から授かった定めである。

――「ヨハネによる福音書」10章17－18節

イエスは、自分が十字架に掛けられて殺されることを知っていた。これは官憲の暴力にイエスが受動的に従ったということではない。イエスが、神の子として、罪を負う人間を救うために、自発的に選択した道でもある。

そのような苦難を背負うことができたのは、神から得た命を、人間が奪うことはできないという確信をイエスが持っていたからだ。十字架の上でイエスは仮死状態になったに過ぎず、それが後に蘇生した、ということではない。イエスは、十字架の上で真の人の子として、本当に死んだのである。そしてイエスは墓に葬られた。その死んだイエスが、三日目に実際に復活したのである。

イエス・キリストに従って生きるキリスト教徒は、自分の命が奪われることがあっても、神が復活させてくださると信じている。それだから、死を恐れずに、自分の信念に従って生きることができるのである。ここで紹介されているイエスの発言は、キリスト教徒が楽観的に人生を送ることができる根拠なのである。

ぶどうの木と枝

わたしはぶどうの木、あなたがたはその枝である。もし人がわたしにつながっており、またわたしがその人とつながっておれば、その人は実を豊かに結ぶようになる。わたしから離れては、あなたがたは何一つできないからである。

――「ヨハネによる福音書」15章5節

ぶどうの幹から離れた枝は枯れてしまう。それと同じように、イエス・キリストから離れるとキリスト教徒は信仰を失ってしまう。常にイエス・キリストとつながっているということは、実は難しい課題なのである。

紀元三一三年のミラノ勅令で、ローマ帝国のコンスタンチヌス帝がキリスト教を公認した。ここからキリスト教は「与党化」あるいは「体制内化」していく。その結果、弾圧されていた時代と比べて誘惑がはるかに大きくなるのである。

キリスト教徒でありながら、名誉、出世、カネなどを重要な価値とするようになれば、その人はイエス・キリストから離れてしまったことになる。逆に何が何でも体制に反対するという野党的姿勢も、政治に最大の価値を置くことになるので、イエス・キリストから離れてしまうことになる。イエス・キリストと常につながっているためには、世俗的な価値を中心に動くようになっているのではないかと、常に自分を批判的に吟味する必要があるということだ。

190

すべての人の奴隷

わたしは、すべての人に対して自由であるが、できるだけ多くの人を得るために、自ら進んですべての人の奴隷になった。

――「コリント人への第一の手紙」9章19節

パウロは、イエス・キリストが説いた教えを独自の表現で言い換える天才的な能力がある。パウロの論理は、自由な労働ならばそれに対する報酬があるが、奴隷労働には報酬がないという前提に立っている。キリスト教信仰とは、イエス・キリストに奴隷のように従うことによって成立する。それは、イエス・キリストが神の奴隷だったからである。

キリスト教の伝道を行うことをパウロは自発的意思によって行っている。それならば、パウロは教えを伝えた相手から報酬を受け取る権利があるはずだ。しかし、パウロはその権利を放棄して報酬を受け取らない。なぜなら、パウロがイエス・キリストの奴隷だからである。キリスト教が宗教活動に対して報酬を求めないのは、その背後にパウロの奴隷的信仰観があるからだ。

もっともイエス・キリストに従うことによってキリスト教徒は自由になる。奴隷になることが自由への道であるという逆説をパウロは説いている。

賞を得るように走れ

あなたがたは知らないのか。競技場で走る者は、みな走りはするが、賞を得る者はひとりだけである。あなたがたも、賞を得るように走りなさい。しかし、すべて競技をする者は、何ごとにも節制をする。彼らは朽ちる冠を得るためにそうするが、わたしたちは朽ちない冠を得るためにそうするのである。

――「コリント人への第一の手紙」9章24－25節

パウロは、競技の例をあげて信仰について語ることが好きだ。当時の競技者には訓練を受ける期間と禁欲する期間があった。信仰者として生きるためには、競技者のように訓練と禁欲が必要であるとパウロは考える。

「賞を得るように走りなさい」というところに、キリスト教徒はいつも努力しなくてはいけないというパウロの信仰観が反映されている。パウロは怠惰を罪だと考えたが、これは十六世紀の宗教改革者カルバンにも引き継がれている。「賞を得る者はひとりだけ」という発言の背後には、自分はトップを走っているという自信が表れている。

このようなことを公言するので、パウロは嫌われる。しかし、神に選ばれている者が努力をするのは当然であるというパウロの信仰観は、神によって創造された人間は神の栄光のために生きなくてはならないという観点から当然の帰結と思う。パウロを重視するキリスト教徒には働き者が多い。

他人の利益を求めよ

すべてのことは許されている。しかし、すべてのことが益になるわけではない。すべてのことは許されている。しかし、すべてのことが人の徳を高めるのではない。だれでも、自分の益を求めないで、ほかの人の益を求めるべきである。

——「コリント人への第一の手紙」10章23－24節

キリスト教は自由をとてもたいせつにする宗教だ。ただし、自由は自分が、好き勝手に欲望や金銭、地位を追求するためにあるのではない。真の自由は、自分のためにではなく、他人のために用いられてこそ初めて意味を持つ。

子育てについて考えてみよう。両親、特に母親は、乳児にかかりっきりだ。保育園に子どもを預けている母親でも、自由時間のほとんどを子どものために費やしている。キリスト教では、それが真の自由であると考える。なぜなら自分の自由な時間を、子どものために費やしているからだ。これを少し拡大して考えてみると、仕事の本質も自分の自由な時間を他者のために費やすことだ。

こういう形で自由を行使することができるところに、人間の意思が成立する。全能の神は、自由な意思に基づいてひとり子であるイエス・キリストを地上に派遣した。そして、イエスは自由な意思に基づいて、自らには罪がないにもかかわらず、人間の罪を背負って死ぬことで人間を救済した。このような生き方を原点にして、われわれは自由を行使しなくてはならない。

神の恵み

わたしは、神の教会を迫害したのであるから、使徒たちの中でいちばん小さい者であって、使徒と呼ばれる値うちのない者である。しかし、神の恵みによって、わたしは今日あるを得ているのである。そして、わたしに賜わった神の恵みはむだにならず、むしろ、わたしは彼らの中のだれよりも多く働いてきた。しかしそれは、わたし自身ではなく、わたしと共にあった神の恵みである。

――「コリント人への第一の手紙」15章9－10節

パウロはもともとサウロと呼ばれていた。サウロはパリサイ派のユダヤ教徒で、律法を重視していた。律法を機械的に遵守するのではなく、愛によって律法を完成させるというイエスの教えをサウロは憎んだ。そして、キリスト教徒の弾圧に従事したが、あるとき回心して、キリスト教徒のパウロになる。

最初、キリスト教徒はパウロを仲間と認めなかった。しかし、パウロは徐々に頭角を現し、教会の指導者の一人になる。現存のキリスト教は、すべてパウロの系統に属する。

パウロが勝利したのは、頭脳が明晰で、勇気があったことに加え、努力したからだ。パウロは自分が教会のために働くことができるのは、内発的な力ではなく、イエス・キリストによる外部からの働きであると強調した。キリスト教徒に限らずどんな分野でも、自分の能力を超えた外部を認める人の方が大きな業績を残すことができる。自分の能力だけを過信している人は、いずれ限界にぶつかることになる。

見えない世界を知る言葉

初めに言葉があった

初めに言があった。言は神と共にあった。言は神であった。この言は初めに神と共にあった。すべてのものは、これによってできた。できたもののうち、一つとしてこれによらないものはなかった。この言に命があった。そしてこの命は人の光であった。光はやみの中に輝いている。そして、やみはこれに勝たなかった。

――「ヨハネによる福音書」1章1－5節

キリスト教が言葉を重視する宗教であることが端的に示されている箇所だ。

神は「光あれ」と言って、天地を創り始めた（旧約聖書「創世記」1章3節）。ここから明らかなように、言葉は最初から存在する。すなわち、神によって創られたものではなく、神自体なのである。この言葉によって、この世界ができるとともに、神は自らのひとり子であるイエス・キリストをこの世に送った。それは、神自身が人となって、神の意志を言葉によって人間に伝えるためである。

イエス・キリストが、われわれに伝える言葉には命が宿っている。イエス・キリストの言葉に従って、イエス・キリストを信じる人は、「永遠の命」を得ることができるのである。その過程は、すべて言葉によって行われる。

人間は原罪を持っている。罪から悪が生まれるので、この世界には深い闇が存在している。それに対し、言葉には光の機能があるので、正しい言葉の使い方を身に付けることによって、人間は闇から抜け出すことができるようになる。

神のひとり子の派遣

神はそのひとり子を賜わったほどに、この世を愛して下さった。それは御子を信じる者がひとりも滅びないで、永遠の命を得るためである。神が御子を世につかわされたのは、世をさばくためではなく、御子によって、この世が救われるためである。

――「ヨハネによる福音書」3章16－17節

よくユダヤ教、キリスト教、イスラム教は、一神教であると言われる。確かにそれはそうだが、キリスト教の場合は、父、子、聖霊の三位一体の神という構成をとることが、ユダヤ教、イスラム教との本質的な違いだ。

ユダヤ教とイスラム教では、神と人間は平行線で交わることはない。しかし、キリスト教の場合は、神と人間は平行なのだが、真の神であり真の人であるイエス・キリストという一点で交わる。ユークリッド幾何では平行線は交わらないが、リーマン幾何では平行線が交わるのと似ている。キリスト教の場合、イエス・キリストという媒介項を通して、神によって人間は確実に救済されるのである。

神がそのひとり子を、人間の最も悲惨な状況において、どん底に派遣した。これを神学用語では受肉というが、神が絶対的な理念に留まらず、イエスという具体的な人間になって、われわれ人間と苦難を共有し、自分には罪がないにもかかわらず、人間の罪を背負って身代わりになって死んだことで、われわれは救われると考えるところにキリスト教の特徴がある。

新生

よくよくあなたに言っておく。だれでも新しく生れなければ、神の国を見ることはできない。

――「ヨハネによる福音書」3章3節

表面上、イエスを信じている素振りをしているパリサイ派のニコデモに対して、イエスが述べた言葉だ。これに対して、ニコデモは、「人は年をとってから生れることが、どうしてできますか。もう一度、母の胎《たい》にはいって生れることができましょうか」と反論する。

イエスが述べているのは、生物学的に生まれ変わることではない。目には見えないが、確実に存在する聖霊の力によって生まれ変わることである。言い換えると、イエスの教えに触れて自分の生き方が全面的に変わることだ。隣人を自分と同じように愛する人間になることだ。

「神の国」とは、最後の審判によって選ばれた人々が入ることになる、全く新しい存在形態のことだ。その具体的イメージを、限界のある人間の知恵によって描写することはできない。「神の国」に入る人々は、「永遠の命」を得ているのである。「ヨハネによる福音書」では、特に「永遠の命」を得ることが強調される。

からし種のたとえ

神の国を何に比べようか。また、どんな譬《たとえ》で言いあらわそうか。それは一粒のからし種のようなものである。地にまかれる時には、地上のどんな種よりも小さいが、まかれると、成長してどんな野菜よりも大きくなり、大きな枝を張り、その陰に空の鳥が宿るほどになる。

――「マルコによる福音書」4章30－32節

からし種は、小さなものの象徴だ。ちなみに黒からし種は直径〇・九五〜一・六〇ミリメートル、重さは一ミリグラムだ。それがからし菜になると一・五メートル、イエスが活動したガリラヤ湖沿岸では三メートルになるという。

イエスは、からし種をたとえに用いることで、微小なものと巨大なものを対比している。イエス・キリストが伝える福音は、現時点ではからし種のような小さなものだ。しかし、それはやがて想像できないほど大きくなる。このようにキリスト教の力は大きく発展していくのである。

われわれの人生でも、小さな努力に過ぎないと思っていても、それを続けているうちに大きな成果を生み出すことがある。どのような事柄でも変化する。そのことを忘れてはいけないと、イエスはこのたとえを用いて強調しているのだ。人間関係でも、弱い立場にいた者が、ある機会に突然、強大な力を身に付けることがある。どんな事柄でも変化するということを忘れてはならない。

神の国の実現

神の国は、見られるかたちで来るものではない。また「見よ、ここにある」「あそこにある」などとも言えない。神の国は、実にあなたがたのただ中にあるのだ。

――「ルカによる福音書」17章20－21節

パリサイ派の連中が、「神の国はいつ来るのか」と尋ねたのに対するイエスの回答だ。パリサイ派の連中は、神の支配が実現する「神の国」は天体観測や自然現象の変異を観測すること、もしくはユダヤ教の律法を遵守することによって実現できると考えていた。しかし、この見方は間違っている。

「神の国」は、地上における人間の空間的な認識によってとらえられるものではない。それだから「ここにある」とか「あそこにある」とか言うことができないのだ。また、パレスチナの地と結びついたユダヤ人だけを対象として「神の国」が出現したわけではない。

そもそも未来においてだけ「神の国」が実現するという認識は誤解だ。イエス・キリストの福音宣教と病人をいやすなどの行為によって、「神の国」は既にこの場で実現しているのだ。言い換えると、キリスト教徒がイエス・キリストの教えと行いを自分の生活で実践することで、「神の国」は今ここで実現するのだ。

朽ちない食物

朽ちる食物のためではなく、永遠の命に至る朽ちない食物のために働くがよい。これは人の子があなたがたに与えるものである。父なる神は、人の子にそれをゆだねられたのである。

――「ヨハネによる福音書」6章27節

人類の一部が飽食の時代に入ったのは第二次世界大戦後だ。現在でもアジア、アフリカの一部では深刻な飢餓の問題がある。二十世紀初頭までは、人類は飢餓に常に悩まされていた。

イエスの時代には、ユダヤ人たちはローマ帝国によって収奪されていたので、貧困層の人々にとって食糧確保の問題は常に深刻であった。そのため、イエスの発言にも食べ物の話題がよく出てくる。イエスは、人は神の言葉によって生きるのであるから、神への信仰をしっかり持っていれば、食べ物については心配しなくても神が保障してくれると考えている。

食べ物に代表される物質的な事柄だけでなく、精神面においても人間はさまざまな問題を抱えている。そういう問題を自分の力だけで解決しようというのは傲慢な発想だ。イエス・キリストを信じ、自分を投げだしてでも、他者のために奉仕する生き方をすると、不思議な仕組みが働いて、自分が抱えている深刻な問題も解決するのである。

復活と命

わたしはよみがえりであり、命である。わたしを信じる者は、たとい死んでも生きる。また、生きていて、わたしを信じる者は、いつまでも死なない。あなたはこれを信じるか。

――「ヨハネによる福音書」11章25－26節

人間は、誰一人例外なく、死を免れることはできない。古代ギリシア人は、人間が死ぬと肉体から魂が離れると考えた。そして、肉体の桎梏《しっこく》から魂が解放されることを歓迎した。しかし、キリスト教はこのような魂と肉体の二元論を取らない。人間が死ねば、肉体だけでなく、魂も滅びるのである。しかし、終わりの日に、再臨したキリストが死者の肉体だけでなく、魂も復活させるのである。そして、最後の審判で選ばれた人々は、「永遠の命」を得て、「神の国」で暮らす。

人間は誰もが罪を持っている。罪から悪が生まれ、それが死の原因になる。イエス・キリストを救い主と信じるキリスト教徒は、終わりの日に罪から救われることが約束されている。従って、キリスト教徒にとって、死は一時的な眠りと本質的に変わらず、いつか復活し、「永遠の命」を得ることが約束されているのである。これが、人間は皆罪を持っているにもかかわらず、キリスト教徒が楽観的になれる根拠だ。

光を信じなさい

もうしばらくの間、光はあなたがたと一緒にここにある。光がある間に歩いて、やみに追いつかれないようにしなさい。やみの中を歩く者は、自分がどこへ行くのかわかっていない。光のある間に、光の子となるために、光を信じなさい。

――「ヨハネによる福音書」12章35－36節

キリスト教の特徴として、「中間時」という発想がある。イエス・キリストは、真の神で真の人だ。神はひとり子であるイエス・キリストをこの世に送った。この事実によって、人間の救済の過程は基本的に始まっているのである。しかし、人間の罪を負って、罪なきイエス・キリストは十字架の上で刑死した。そして、復活したが、その後、「わたしはすぐに来る」と言って昇天した。人間を救済する事業は、イエス・キリストが再臨して、最後の審判が行われるときに完成するのである。

従って、私たちは、イエス・キリストが到来した時と最後の審判が行われる時の間で生きている。中間時とは「時の間」という時間認識だ。中間時においては、イエス・キリストの教えは、聖霊によって保全されている。イエスがこの世を去った後、目に見えないが、確実に存在する聖霊によって私たちは守られている。このような聖霊を信じることによって、人間は闇の力を打ち破ることができるのである。

見えないものを望んで

目に見える望みは望みではない。なぜなら、現に見ている事を、どうして、なお望む人があろうか。もし、わたしたちが見ないことを望むなら、わたしたちは忍耐して、それを待ち望むのである。

――「ローマ人への手紙」8章24－25節

目に見えるものを信じるのは信仰ではないとパウロは考える。イエスが奇跡を起こす姿を見たから信徒になるのでは、真の信仰とは言えない。逆に真の信仰がある場所に奇跡が現れるのだ。目に見えないが、確実に存在する事柄がある。信仰、希望、愛がその例だ。このような目に見えない事柄を信仰の対象とするところにキリスト教の特徴がある。

しかし、現実に存在するキリスト教徒は形にとらわれる。十字架、教会、神父、牧師などの目に見える存在を信仰の対象にしてしまうと、それは偶像崇拝になる。聖書をどれほど読み込んでも、文献批判に終始し、自分の学説に固執し、他の解釈を排斥するような人は信仰を持っているとは言えない。自分の知性に対する偶像崇拝を行っているからだ。

このようにして、キリスト教には目に見えるものや制度を信仰の対象にすることを避ける力が常に働いている。そのことによって、この世の価値観を相対化することができる。

神の幕屋

見よ、神の幕屋《まくや》が人と共にあり、神が人と共に住み、人は神の民となり、神自ら人と共にいまして、人の目から涙を全くぬぐいとって下さる。もはや、死もなく、悲しみも、叫びも、痛みもない。先のものが、すでに過ぎ去ったからである。

――「ヨハネの黙示録」21章3－4節

黙示録は、エーゲ海のパトモス島で、ヨハネが幻の中で見た終末の姿である。「神の幕屋」とは、「神の国」のことだ。最後の審判が終わった後、選ばれた人々、すなわちキリスト教徒は神とともに暮らすようになる。この新しい世界において、悲しみはない。嘆きも労苦もない。

もっとも人類は、黙示録に触発されて地上に楽園を建設しようとしたが、ことごとく失敗した。現在、「人民の楽園」を自称しているのは北朝鮮だけだ。しかし、このような楽園に住みたいと思っている人は少ないと思う。

人間は罪から免れない。罪がある場所では必ず悪が生まれる。従って、人間が自分の力だけで地上に楽園を作り出そうとしても、それはグロテスクなディストピアになってしまう。過激派組織「イスラム国」も地上に楽園を建設しようとしている。北朝鮮にしても「イスラム国」にしても、指導部の人たちには、原罪の自覚がない。そういう人々が独善的に理想的社会を建設しようとすると地上の地獄が生まれるのだ。

わたしはすぐに来る

見よ、わたしはすぐに来る。報いを携えてきて、それぞれのしわざに応じて報いよう。わたしはアルパであり、オメガである。最初の者であり、最後の者である。初めであり、終りである。

――「ヨハネの黙示録」22章12－13節

イエス・キリストは紀元三〇年に十字架に掛けられて死に、葬られた後、復活したが、「わたしはすぐに来る」と言って、再び天に昇っていった。

初期のキリスト教徒は、自分たちが生きているうちにキリストが再臨すると考えた。それだから、イエス・キリストの言葉や行為を文字にすることには関心を持たず、悔い改めてキリスト教徒になるようにと、他の人々に働きかけることを優先した。

しかし、一世紀末になってもキリストが再臨する兆候はない。終末が遅延していると考えたキリスト教徒たちは、次世代のためにイエス・キリストについて書き残さなくてはならないと、さまざまな教会の人々の手で、現在の聖書の元になるテキスト群を生み出した。そして後のキリスト教徒は聖書によって、イエス・キリストが伝えた愛のリアリティーを知るようになる。

イエスが死んで二千年近く、終末は遅れているが、いずれ必ず来るとキリスト教徒は信じている。そして終わりの日に向けた準備を常に怠らないのである。

あとがき

筆者は、イエスの死後の使徒たちの活動と発言について記した「使徒行伝」を通じてキリスト教の真髄に触れたと思っている。この書から筆者は、聖書の言葉が持つ真の力を知った。

「使徒行伝」の著者は、「ルカによる福音書」の著者と同一人物であると伝えられている。実際に誰が著者であったかはよくわからない。ただし、文体や内容から見て、「ルカによる福音書」と「使徒行伝」の著者（集団）が同一であることは間違いない。「使徒行伝」という書名は、使徒の定義に照らしてみると奇異である。「ルカによる福音書」では、使徒についてこう記されている。

〈このころ、イエスは祈るために山へ行き、夜を徹して神に祈られた。夜が明けると、弟子たちを呼び寄せ、その中から十二人を選び出し、これに使徒という名をお与えになった。すなわち、ペテロとも呼ばれたシモンとその兄弟アンデレ、ヤコブとヨハネ、ピリポとバルトロマイ、マタイとトマス、アルパヨの子ヤコブと、熱心党と呼

ばれたシモン、ヤコブの子ユダ、それからイスカリオテのユダ。このユダが裏切者となったのである。〉(6章12－16節)

要するに、イエスの教えを直接受けた者が使徒なのである。「使徒行伝」の前半は、ペトロやヨハネが活躍するので、確かに使徒の発言や行動について記した書物と言うことができる。しかし、後半はパウロの物語だ。「ルカによる福音書」の定義によれば、パウロは使徒ではない。パウロは生前のイエスに一度も会ったことがないからだ。サウロという名で、キリスト教徒を弾圧する仕事に従事していたが、ダマスコ(ダマスカス)に行く途中で突然、光に打たれて、幻の中でイエスの声を聞いてキリスト教徒になった。

パウロにとって、イエスの教えを直接受けたか否かという事実が使徒であることの基準ではない。十二弟子の「お墨付き」によってではなく、イエス・キリストを通じて働く神の力によって使徒になるのだ。「ガラテヤ人への手紙」の冒頭で、パウロは「人々からでもなく、人によってでもなく、イエス・キリストと彼を死人の中からよみがえらせた父なる神とによって立てられた使徒パウロ」(1章1節)という自己規定を行っている。このような使徒についての解釈によって、パウロは自らがイエス・キリストの名において宣教する権利を得たのだ。

パウロがいなかったならば、イエスの教えは、ユダヤ教の一分派にとどまり、世界的な広がりをもつキリスト教に発展することはなかったであろう。

高校入試や大学入試で、「キリスト教の創設者は誰か」という設問がなされた場合、「イエス・キリスト」と解答すれば正解だ。しかし、神学部の期末試験では、不正解になる。イエスはあくまでも自分をユダヤ教徒と考えていたからだ。イエス・キリストを救済主と考える教えをユダヤ教とは別のキリスト教という宗教にしたのは、生前のイエスと会ったことがないパウロだ。

人間は常に途上にある存在であるということをパウロは強調する。

〈わたしがすでにそれを得たとか、すでに完全な者になっているとか言うのではなく、ただ捕えようとして追い求めているのである。そうするのは、キリスト・イエスによって捕えられているからである。兄弟たちよ。わたしはすでに捕えたとは思っていない。ただこの一事を努めている。すなわち、後のものを忘れ、前のものに向かってからだを伸ばしつつ、目標を目ざして走り、キリスト・イエスにおいて上に召して下さる神の賞与を得ようと努めているのである。だから、わたしたちの中で全き人たちは、そのように考えるべきである。しかし、あなたがたが違った考えを持っているなら、神はそのことも示して下さるであろう。 ただ、わたしたちは、 達し得たところに従って進むべきである。〉（「ピリピ人への手紙」3章12－16節）

パウロが理解するキリスト教信仰において、人間に完成はなく、到達することのできない目標に向かい、最後まで努力しなくてはならないのである。パウロの影響を受けた筆者としては、神によって定められた、言語にはできず、目にも見えないが確実に存在する目標に向かって進んでいるのである。

二〇一七年八月

佐藤　優

本書は二〇一七年九月、小社より単行本として刊行されました。

|著者|佐藤 優　1960年、東京都生まれ。作家、元外務省主任分析官。同志社大学大学院神学研究科修了後、外務省入省。在ロシア日本国大使館勤務などを経て、本省国際情報局分析第一課に配属。主任分析官として対ロシア外交の分野で活躍した。2005年『国家の罠――外務省のラスプーチンと呼ばれて』で作家デビューし、'06年の『自壊する帝国』で新潮ドキュメント賞、大宅壮一ノンフィクション賞を受賞。『獄中記』『私のマルクス』『ゼロからわかるキリスト教』『神学の技法』『人生のサバイバル力』『世界宗教の条件とは何か』ほか著書多数。

人生《じんせい》の役《やく》に立《た》つ聖書《せいしょ》の名言《めいげん》

佐藤《さとう》 優《まさる》

講談社文庫

定価はカバーに
表示してあります

2020年1月15日第1刷発行

発行者――渡瀬昌彦
発行所――株式会社　講談社
東京都文京区音羽2-12-21　〒112-8001
電話　出版　(03) 5395-3510
　　　販売　(03) 5395-5817
　　　業務　(03) 5395-3615

デザイン―菊地信義
本文データ制作―講談社デジタル製作
印刷―――豊国印刷株式会社
製本―――株式会社国宝社

Printed in Japan

ISBN978-4-06-518350-2

講談社文庫刊行の辞

二十一世紀の到来を目睫に望みながら、われわれはいま、人類史上かつて例を見ない巨大な転換期をむかえようとしている。

世界も、日本も、激動の予兆に対する期待とおののきを内に蔵して、未知の時代に歩み入ろうとしている。このときにあたり、創業の人野間清治の「ナショナル・エデュケイター」への志を現代に甦らせようと意図して、われわれはここに古今の文芸作品はいうまでもなく、ひろく人文・社会・自然の諸科学から東西の名著を網羅する、新しい綜合文庫の発刊を決意した。

激動の転換期はまた断絶の時代である。われわれは戦後二十五年間の出版文化のありかたへの深い反省をこめて、この断絶の時代にあえて人間的な持続を求めようとする。いたずらに浮薄な商業主義のあだ花を追い求めることなく、長期にわたって良書に生命をあたえようとつとめるところにしか、今後の出版文化の真の繁栄はあり得ないと信じるからである。

同時にわれわれはこの綜合文庫の刊行を通じて、人文・社会・自然の諸科学が、結局人間の学にほかならないことを立証しようと願っている。かつて知識とは、「汝自身を知る」ことにつきていた。現代社会の瑣末な情報の氾濫のなかから、力強い知識の源泉を掘り起し、技術文明のただなかに、生きた人間の姿を復活させること。それこそわれわれの切なる希求である。

われわれは権威に盲従せず、俗流に媚びることなく、渾然一体となって日本の「草の根」をかたちづくる若く新しい世代の人々に、心をこめてこの新しい綜合文庫をおくり届けたい。それは知識の泉であるとともに感受性のふるさとであり、もっとも有機的に組織され、社会に開かれた万人のための大学をめざしている。大方の支援と協力を衷心より切望してやまない。

一九七一年七月

野間省一

古井由吉

詩への小路　ドゥイノの悲歌

解説=平出 隆　年譜=著者

ふA11

リルケ「ドゥイノの悲歌」全訳をはじめドイツ、フランスの詩人からギリシャ悲劇まで、詩をめぐる自在な随想と翻訳。徹底した思索とエッセイズムが結晶した名篇。

978-4-06-518501-8

石坂洋次郎　三浦雅士・編

乳母車／最後の女　石坂洋次郎傑作短編選

解説=三浦雅士　年譜=森 英一

いAA1

戦後を代表する流行作家の明朗健全な筆が、無意識に追いつづけた女たちの姿と家族像は、現代にこそ意外な形で光り輝く。いま再び読まれるべき名編九作を収録。

978-4-06-518602-2

芥川龍之介　藪の中
有吉佐和子　新装版 和宮様御留
阿川弘之　春風落月
阿川弘之　亡き母や
阿刀田高　ナポレオン狂
阿刀田高　新装版 ブラック・ジョーク大全
阿刀田高　新装版 食べられた男
阿刀田高　新装版 妖しいクレヨン箱
阿刀田高　新装版 奇妙な昼さがり
阿刀田高編　ショートショートの花束1
阿刀田高編　ショートショートの花束2
阿刀田高編　ショートショートの花束3
阿刀田高編　ショートショートの花束6
阿刀田高編　ショートショートの花束7
阿刀田高編　ショートショートの花束8
阿刀田高編　ショートショートの花束9
安房直子　南の島の魔法の話
相沢忠洋　「岩宿」の発見〈幻の旧石器を求めて〉
安西篤子　花あざ伝奇

赤川次郎　真夜中のための組曲
赤川次郎　東西南北殺人事件
赤川次郎　起承転結殺人事件
赤川次郎　冠婚葬祭殺人事件
赤川次郎　人畜無害殺人事件
赤川次郎　純情可憐殺人事件
赤川次郎　結婚記念殺人事件
赤川次郎　豪華絢爛殺人事件
赤川次郎　妖怪変化殺人事件
赤川次郎　流行作家殺人事件
赤川次郎　ABCD殺人事件
赤川次郎　狂気乱舞殺人事件
赤川次郎　女優志願殺人事件
赤川次郎　輪廻転生殺人事件
赤川次郎　百鬼夜行殺人事件
赤川次郎　偶像崇拝殺人事件
赤川次郎　人間消失殺人事件
赤川次郎　四字熟語殺人事件〈ベスト・セレクション〉
赤川次郎　三姉妹探偵団

赤川次郎　三姉妹探偵団2〈キャンパス篇〉
赤川次郎　三姉妹探偵団3〈珠美・初恋篇〉
赤川次郎　三姉妹探偵団4〈怪奇篇〉
赤川次郎　三姉妹探偵団5〈復讐篇〉
赤川次郎　三姉妹探偵団6〈危機一髪篇〉
赤川次郎　三姉妹探偵団7〈駈け落ち篇〉
赤川次郎　三姉妹探偵団8〈人質篇〉
赤川次郎　三姉妹探偵団9〈青ひげ篇〉
赤川次郎　三姉妹探偵団10〈父恋し篇〉
赤川次郎　死が小径をやってくる〈三姉妹探偵団11〉
赤川次郎　死神のお気に入り〈三姉妹探偵団12〉
赤川次郎　次女と野獣〈三姉妹探偵団13〉
赤川次郎　心地よい悪夢〈三姉妹探偵団14〉
赤川次郎　ふるえて眠れ、三姉妹〈三姉妹探偵団15〉
赤川次郎　三姉妹、呪いの道行〈三姉妹探偵団16〉
赤川次郎　三姉妹、初めてのおつかい〈三姉妹探偵団17〉
赤川次郎　恋の花咲く三姉妹〈三姉妹探偵団18〉
赤川次郎　月もおぼろに三姉妹〈三姉妹探偵団19〉

赤川次郎　三姉妹、ふしぎな旅日記〈三姉妹探偵団20〉
赤川次郎　三姉妹、清く貧しく美しく〈三姉妹探偵団21〉
赤川次郎　三姉妹と忘れじの面影〈三姉妹探偵団22〉
赤川次郎　三姉妹、舞踏会への招待〈三姉妹探偵団23〉
赤川次郎　三人姉妹殺人事件〈三姉妹探偵団24〉
赤川次郎　三姉妹、さびしい入江の歌〈三姉妹探偵団25〉
赤川次郎　沈める鐘の殺人
赤川次郎　静かな町の夕暮に
赤川次郎　ぼくが恋した吸血鬼
赤川次郎　秘書室に空席なし
赤川次郎　我が愛しのファウスト
赤川次郎　手首の問題
赤川次郎　おやすみ、夢なき子
赤川次郎　二重奏《デュオ》
赤川次郎　メリー・ウィドウ・ワルツ
赤川次郎ほか　二十四粒の宝石〈超短編小説傑作集〉
赤川次郎・横田順彌　二人だけの競奏曲
新井素子　グリーン・レクイエム
安土　敏　小説スーパーマーケット(上)(下)

安土　敏　償却済社員、頑張る
阿井景子　真田幸村の妻
浅野健一　新・犯罪報道の犯罪
安能　務 訳　封神演義 全三冊
安部譲二　絶滅危惧種の遺言
安西水丸　東京美女散歩
トルーマン・カポーティ　安西水丸 訳　真夏の航海
綾辻行人　緋色の囁き
綾辻行人　暗闇の囁き
綾辻行人　黄昏の囁き
綾辻行人　殺人方程式〈切断された死体の問題〉
綾辻行人　鳴風荘事件 殺人方程式[II]
綾辻行人　十角館の殺人〈新装改訂版〉
綾辻行人　水車館の殺人〈新装改訂版〉
綾辻行人　迷路館の殺人〈新装改訂版〉
綾辻行人　人形館の殺人〈新装改訂版〉
綾辻行人　時計館の殺人〈新装改訂版〉(上)(下)
綾辻行人　黒猫館の殺人〈新装改訂版〉
綾辻行人　暗黒館の殺人 全四冊

綾辻行人　びっくり館の殺人
綾辻行人　奇面館の殺人(上)(下)
綾辻行人　どんどん橋、落ちた〈新装改訂版〉
阿井渉介　荒《あら》南《は》風《え》
阿井渉介　うなぎ丸の航海
阿井渉介　生首岬の殺人〈警視庁捜査一課事件簿〉
阿井渉介・阿部牧郎 他　薄灯かり〈官能時代小説アンソロジー〉
阿井文瓶　伏龍〈海底の少年特攻兵〉
我孫子武丸　0の殺人
我孫子武丸　人形はこたつで推理する
我孫子武丸　人形は遠足で推理する
我孫子武丸　人形はライブハウスで推理する
我孫子武丸　新装版 8の殺人
我孫子武丸　眠り姫とバンパイア
我孫子武丸　狼と兎のゲーム
我孫子武丸　新装版 殺戮にいたる病
有栖川有栖　ロシア紅茶の謎
有栖川有栖　スウェーデン館の謎
有栖川有栖　ブラジル蝶の謎

有栖川有栖　英国庭園の謎
有栖川有栖　ペルシャ猫の謎
有栖川有栖　幻想運河
有栖川有栖　幽霊刑事《デカ》
有栖川有栖　マレー鉄道の謎
有栖川有栖　スイス時計の謎
有栖川有栖　モロッコ水晶の謎
有栖川有栖　新装版 マジックミラー
有栖川有栖　新装版 46番目の密室
有栖川有栖　虹果て村の秘密
有栖川有栖　闇の喇叭《らっぱ》
有栖川有栖　真夜中の探偵
有栖川有栖　論理爆弾
有栖川有栖　名探偵傑作短篇集 火村英生篇
有栖川有栖 篠田真由美 二階堂黎人 法月綸太郎　「Y」の悲劇
有栖川有栖／恩田陸 加納朋子／貫井徳郎 法月綸太郎　「ABC」殺人事件
姉小路祐　署長刑事《デカ》 徹底抗戦
姉小路祐　監察特任刑事《デカ》
姉小路祐　影のクロス〈監察特任刑事《デカ》〉

姉小路祐　緘殺《かんさつ》のファイル〈監察特任刑事《デカ》〉
秋元康　伝染歌
浅田次郎　日輪の遺産
浅田次郎　勇気凜凜ルリの色
浅田次郎　勇気凜凜ルリの色 四十肩と恋愛
浅田次郎　地下鉄《メトロ》に乗って
浅田次郎　霞町物語
浅田次郎　勇気凜凜ルリの色 福音について
浅田次郎　勇気凜凜ルリの色 満天の星
浅田次郎　ひとは情熱がなければ生きていけない〈勇気凜凜ルリの色〉
浅田次郎　シェエラザード(上)(下)
浅田次郎　歩兵の本領
浅田次郎　蒼穹の昴 全四巻
浅田次郎　珍妃の井戸
浅田次郎　中原の虹 全四巻
浅田次郎　マンチュリアン・リポート
浅田次郎　天国までの百マイル
浅田次郎原作 ながやす巧漫画　鉄道員《ぽっぽや》／ラブ・レター
青木玉　小石川の家

青木玉　底のない袋
青木玉　記憶の中の幸田一族〈青木玉対談集〉
阿部和重　アメリカの夜
阿部和重　グランド・フィナーレ
阿部和重　A B C〈阿部和重初期作品集〉
阿部和重　ミステリアスセッティング
阿部和重　IP／NN 阿部和重傑作集
阿部和重　シンセミア(上)(下)
阿部和重　ピストルズ(上)(下)
阿部和重　クエーサーと13番目の柱
阿川佐和子　マチルデの肖像〈恋する音楽小説2〉
麻生幾　加筆完全版 宣戦布告(上)(下)
麻生幾　奪還
安野モヨコ　美人画報
安野モヨコ　美人画報ハイパー
安野モヨコ　美人画報ワンダー
有吉玉青　風の牧場
有吉玉青　美しき一日《いちじつ》の終わり
甘糟りり子　産む、産まない、産めない

講談社文庫 目録

講談社文庫　目録

講談社文庫　目録

池波正太郎　新装版 抜討ち半九郎
池波正太郎　新装版 娼婦の眼
池波正太郎　近藤勇白書〈レジェンド歴史時代小説〉
井上　靖　楊貴妃伝
石牟礼道子　新装版 苦《く》海《がい》浄《じょう》土《ど》〈わが水俣病〉
今西祐行　肥後の石工
いわさきちひろ　ちひろのことば
いわさきちひろ 松本　猛　いわさきちひろの絵と心
いわさきちひろ 絵本美術館編　ちひろ・子どもの情景〈文庫ギャラリー〉
いわさきちひろ 絵本美術館編　ちひろ・紫のメッセージ〈文庫ギャラリー〉
いわさきちひろ 絵本美術館編　ちひろの花ことば〈文庫ギャラリー〉
いわさきちひろ 絵本美術館編　ちひろのアンデルセン〈文庫ギャラリー〉
いわさきちひろ 絵本美術館編　ちひろ・平和への願い〈文庫ギャラリー〉
石野径一郎　新装版 ひめゆりの塔
今西錦司　生物の世界
井沢元彦　義経幻殺録
井沢元彦　光と影の武蔵〈切支丹秘録〉
井沢元彦　新装版 猿丸幻視行
一ノ瀬泰造　地雷を踏んだらサヨウナラ

泉　麻人　大東京23区散歩
伊井直行　ポケットの中のレワニワ
伊集院　静　乳房
伊集院　静　遠い昨日
伊集院　静　夢は枯野を〈競輪躁鬱旅行〉
伊集院　静　野球で学んだこと ヒデキ君に教わったこと
伊集院　静　峠の声
伊集院　静　白秋
伊集院　静　潮流
伊集院　静　機関車先生
伊集院　静　冬の蜻《とん》蛉《ぼ》
伊集院　静　オルゴール
伊集院　静　昨日スケッチ
伊集院　静　アフリカの王(上)(下)〈『アフリカの絵本』改題〉
伊集院　静　あづま橋
伊集院　静　ぼくのボールが君に届けば
伊集院　静　駅までの道をおしえて
伊集院　静　受け月
伊集院　静　坂の上のμ〈野球小説アンソロジー〉

伊集院　静　ねむりねこ
伊集院　静　新装版 三年坂
伊集院　静　お父やんとオジさん(上)(下)
伊集院　静　ノボさん(上)(下)〈小説 正岡子規と夏目漱石〉
いとうせいこう　存在しない小説
いとうせいこう　我々の恋愛
井上夢人　おかしな二人〈岡嶋二人盛衰記〉
井上夢人　メドゥサ、鏡をごらん
井上夢人　ダレカガナカニイル…
井上夢人　プラスティック
井上夢人　オルファクトグラム(上)(下)
井上夢人　もつれっぱなし
井上夢人　あわせ鏡に飛び込んで
井上夢人　魔法使いの弟子たち(上)(下)
井上夢人　ラバー・ソウル
池宮彰一郎　高杉晋作(上)(下)〈レジェンド歴史時代小説〉
池井戸　潤　果つる底なき
池井戸　潤　架空通貨
池井戸　潤　銀行狐

2019年12月15日現在